臺灣歷史與文化 研究輯刊

九 編

第 9 冊

大溪豆干禮俗與飲食研究

李 中 二 著

花木蘭文化出版社

國家圖書館出版品預行編目資料

大溪豆干禮俗與飲食研究／李中二 著 — 初版 — 新北市：花
木蘭文化出版社，2016〔民105〕

目 6+184 面；19×26 公分

（臺灣歷史與文化研究輯刊 九編：第 9 冊）

ISBN 978-986-404-477-1（精裝）

1. 禮俗 2. 飲食風俗 3. 食品業

733.08   105001807

ISBN-978-986-404-477-1

臺灣歷史與文化研究輯刊

九 編 第 九 冊   ISBN：978-986-404-477-1

大溪豆干禮俗與飲食研究

作　　　者	李中二
總 編 輯	杜潔祥
副總編輯	楊嘉樂
編　　　輯	許郁翎
出　　　版	花木蘭文化出版社
社　　　長	高小娟
聯絡地址	235 新北市中和區中安街七二號十三樓
	電話：02-2923-1455／傳眞：02-2923-1452
網　　　址	http://www.huamulan.tw 信箱 hml810518@gmail.com
印　　　刷	普羅文化出版廣告事業
初　　　版	2016 年 3 月
全書字數	138758 字
定　　　價	九編 24 冊（精裝）台幣 50,000 元

大溪豆干禮俗與飲食研究

李中二 著

作者簡介

李中二，1973 年出生於台北市，現職為國小老師，於 2002 年調至桃園縣大溪鎮仁善國小服務，感受到大溪地區豐富的民俗文化內涵，立定志向為大溪地區民俗文化貢獻心力，於 2009 年至臺北大學民俗藝術研究所就讀，接受俞美霞教授的指導，充實民俗學相關知識及田野調查實務的訓練。於 2013 年完成碩士學位，其碩士論文《大溪豆干禮俗與飲食研究》獲客家委員會 103 年度獎助客家研究優良碩博士論文。並有〈豆干湊牲禮俗探析 以大溪地區為例〉一文發表於《古典文獻與民俗藝術集刊》第三期。

提　　要

　　大溪豆干遠近馳名，是來到大溪必定品嘗的休閒食品，然而豆干在大溪並非只是一種休閒食品，經本研究整理發現傳統上豆干的食用時機與場合，多在節日祭祀或重要的生命禮俗的祭祀之後。在禮俗上，豆干可做為祭祀牲醴之一，與豬肉及全雞……等生活中珍貴的食物組合成牲醴，這樣的禮俗，當地人稱為「湊牲」。以豆干湊牲的牲醴祭品，可運用在歲時禮俗及生命禮俗的祭祀上，如：四時八節的祭祖，每月朔望的做牙、犒軍，也用於祭祀無主孤魂好兄弟等；在生命禮俗中可用於破除小兒關煞、喪儀中過王、各類功德時的請神與祭祀亡者，個人的改運、避煞等。豆干除可用於湊牲之外，在大年初一的新正早齋，大溪地區多數的漳州客籍漢人會食用豆干、菠菜…等清淡素菜，廟會活動時更是採買大量豆干，做為打齋用，與信徒結緣。

　　豆干用於湊牲中，反映了豆干是一項珍貴的食材，以豆干來湊牲，是體面的，可以表現出祭祀者虔誠的心意。而這樣的風俗並非在大溪地區才形成，本研究整理大溪在地漢人族群的族譜，理繪出大溪在地漢人族群的遷移路線，實地走訪與調查臺灣桃園大溪、福建漳州詔安、平和、南靖等漳州客家族群聚居的區域，以及福建汀州等原鄉地區，比較三地豆干的飲食文化發現，此三地豆干的製作技術、飲食習慣及禮俗運用，具有相當緊密的承傳關係，豆干在上述區域，皆可用於湊牲，豆干的製作技法與外型特徵，也都反映了，豆干除了食用的功能外還具備了祭祀上的功能。

　　本研究將大溪地區所保留的豆干禮俗，完整的記錄下來。在田野調查時，也發現部份豆干禮俗在福建的原鄉地區亦或是臺灣其他漳州客聚居的地區，已有遺漏，這顯示出大溪是目前豆干禮俗保留較為完整的區域，期待本研究能將大溪豐富的豆干飲食與禮俗內涵，展現於世，為精彩的大溪歷史與文化，增添光彩。

謝　辭

　　憑藉著同事的鼓勵及自己的興趣，我進入臺北大學民藝所就讀，一晃眼四年過去了，在這段學習的路上，最需要感謝的是我的指導教授——俞美霞博士，四年前初入民藝所最敬畏的老師是俞老師，四年後畢業前夕，我最敬愛的還是俞所長，謝謝您的諄諄教誨，我從您身上看到了嚴謹的論證、靈活的思考、獨特的觀點，更重要的是您惜才的心，深深的感動了我。感謝口試委員——林保堯教授、張勝彥教授的叮嚀與指正，讓我的論文更臻完善。感謝這四年來指導我的民藝所師長：林峰雄教授、曾漢珍教授、施翠峰教授、陳元義教授、李乾朗教授、謝潮儀教授、蔡明興教授，感謝各位老師在我就讀民藝所期間，所教授的專業知識與研究態度。

　　另外在田野調查過程中，不厭其煩地回答我各項提問的大溪先進，如大溪鎮民代表江衍仁先生、萬里香豆干的江黃阿稠女士、江秋雲女士、黃日香豆干的黃淑君女士、黃建泰先生、林國民先生、林宜忠先生、呂芳盛先生、大溪鎮耆老藍新傳先生、廖明進校長、黃睿和先生、邱家渠先生、邱創濯先生、邱鄭端女士、邱連克雲女士、王茂田老師、簡進祿團長、林俊宮主、陳崑龍先生等。謝謝您，讓我感受到您對地方鄉土文化的熱情，也促使我努力向前，爲大溪的民俗做記錄。感謝大溪地區的文史工作者邱垂正先生與黃文秀小姐，爲我聯繫訪談的對象，帶著我穿梭大街小巷，您的熱情，就如同上述的先進，也引發了我珍愛大溪的心。感謝臺灣省豆腐同業公會聯合會詹武雄理事長、鍾欽智先生、劉俊國先生、無私的幫助一位異鄉研究生，完成論文。

　　協助我前往大中國大陸福建省田野調查，並贊助旅費的表親橫井國雄、

魯崇齡夫婦及黃朝源先生，由於您細心的安排，讓我的調查旅程，非常的順利，另外福建漳州的林木象先生、林基龍先生、林先安先生、張德山村長、張清元先生、黃銘德先生、黃正文先生、蕭紅柑女士、蕭慶壽先生、蕭水勇先生、李建昌先生等，福建汀州的林琴英女士、王春輝師傅、雷金運先生，徐振強總經理等，謝謝您親切的接待與回應，我感受到您滿滿的溫暖。

我也要特別感謝，我工作上的長官——張春蕙校長，鼓勵我繼續讀書，讓我能靈活的運用時間，完成研究所的學業。感謝我工作上的各位伙伴，協助我尋找族譜並提供我訪問的對象，若沒有各位的幫忙，不知何時才能畢業。

謝謝我的母親及大姊，在我求學的路上支持著我，不管是在經濟上或是家庭照顧上給予我最大的後盾。最後，謝謝我的另一半——柑萍，我們是民藝所有史以來第一對登記有案、一同入學的神雕俠侶，在這求學的路上，謝謝妳的包容、鼓勵與陪伴，誠摯的和妳分享我的喜悅。

中二謹識　102 年 7 月 23 日

目

次

表　次

第一章 序 論

第一節 研究動機與目的

　　筆者來到大溪擔任教職已有十餘年頭，初來之時，大溪豆干已遠近馳名。走在大溪鎮的道路上，映入眼簾，多是標榜著大溪豆干的各種市招。走進販賣大溪豆干的商店中，各種豆干製品琳瑯滿目置於銷售的貨架上。另外還有一種以攤販型式，出現在重要觀光景點的街道上，以現場滷製的方式，滷著大溪著名的黑豆干，往來的遊客近乎人手一包。這種場景幾乎不見於臺灣其他地方，而僅存於大溪，可謂獨特。這樣的現象引起筆者研究的念頭。有此念頭的人筆者並非第一人，早在民國八十七年，財團法人中華民俗藝術基金會即已受託在大溪進行豆腐及其相關製品的調查，民國九十年大溪鎮歷史街坊再造協會辦理大溪文化節，以「神恩、豆香、木器馨」爲活動主軸〔註1〕，辦理一系列的文化活動，豆食文化已晉升成爲大溪一項重要的文化資產。

　　過去的研究對於大溪豆干的蓬勃發展，咸認爲肇因於水質優良〔註2〕，再加上觀光活動的興盛，帶來觀光人潮〔註3〕，讓大溪豆干開始風行全臺。然而讓筆者感興趣的是，若豆干未曾出現在大溪常民生活的飲食中，即便觀光如

〔註1〕 黃淑芬，《2001年大溪文化節——神恩、豆香、木器馨——深度系列報導》，桃園：大溪鎮歷史街再造協會，2001年，歷史街坊再造協會理事長序。
〔註2〕 林明德，《大溪豆腐系列文化研究》，臺北：財團法人中華民俗藝術基金會，1997年，頁53。
〔註3〕 黃淑芬，《2001年大溪文化節——神恩、豆香、木器馨——深度系列報導》，桃園：大溪鎮歷史街再造協會，2001年，頁117。

何的興盛，豆干業的發展應該不會有如此的光景。直言之，在觀光活動起飛之前，豆干在大溪的常民生活中，應有其特定的功能，滿足常民的需要。再深入探究，大溪並非盛產黃豆區〔註4〕，早期大溪的豆干業者如黃日香，為了製作豆腐、豆干必需自中國東北大連進口〔註5〕，如此大費周章的自中國東北進口黃豆，更顯示出大溪豆干在大溪地區生活的重要性，而筆者推測，大溪豆干飲食文化的形成和族群遷移應有密切的關係。

關於「文化」一詞，學者有眾多的解釋，簡言之，文化包含了三個層面：一是為了適應環境，求生存所創造出的有形物質及其製作技術的物質文化，二是為了社會團體生活和諧所衍生出的道德規範及典章制度等制度文化，三是表達自己或是祈求心靈上和諧所產生的精神文化。在物質文化方面，豆干是生活中重要的食物，在大溪地區豆干是如何被應用？另在豆干的製作技術上，大溪豆干和其族群的遷移是否有關聯？在制度文化方面，豆干在生命禮俗及歲時禮俗也是經常被應用，但如何應用？為何要如此應用？在精神層面上，祭祀具有穩定人們心靈的力量，在大溪地區豆干是祭祀時的「湊牲」的三牲之一，它為何可以成為牲醴的一部份？以豆干湊牲的牲醴應用在哪些祭祀活動中？豆干在祭祀活動中代表的意涵為何？這些問題是本研究所欲探討的。

過去關於大溪地區豆干飲食文化的研究，主要偏重在各類豆食品的製作方式，以及簡略的記錄豆食產業的發展歷程，關於上述問題著墨不深。本研究期望完整呈現豆干在大溪地區應用的樣貌，以充實大溪地區的文化內涵，並讓民眾瞭解原來大溪豆干有如此深度的文化，也為筆者所熱愛的這片土地貢獻一份小小的心力。

第二節　研究對象與範圍

本論文之研究主題為《大溪豆干禮俗與飲食研究》，茲就本主題研究的研究對象、時空範圍敘述如下：

〔註4〕至西元 1921 年以來，黃豆種植未曾列名在大溪地區農率耕作物種植面積前 10 名，見顏昌晶，《大溪鎮誌經濟篇》，桃園：大溪鎮公所，2003 年，頁 108。
〔註5〕黃淑芬，《2001 年大溪文化節——神恩、豆香、木器馨——深度系列報導》，桃園：大溪鎮歷史街再造協會，2001 年，頁 113。

一、研究對象

　　豆食製品主要的原料是大豆，大豆依其種皮顏色，各有其名，分別爲黃豆、青豆、黑豆等，以黃豆最爲常見，上述的幾種大豆也都可製成豆干，在大溪以黃豆爲主要的豆干原料。在林明德先生針對大溪地區的豆食文化研究中，列出了大溪地區生產的豆食品有：豆腐、黑豆干、傳統大紅豆干、豆腱、素腱、臭豆腐、印干、素雞及豆腐乳等〔註6〕。顯見大溪地區的豆食製品種類繁多豐富。爲何選定豆干做爲本研究的主要對象，其原因有以下數點：

（一）歷史悠久

　　經本研究初步了解發現，在這些種類繁多的豆食品當中，以大紅豆干、大黑豆干及豆腐乳，在大溪的歷史最爲悠久，可說在日治時期以前便在大溪地區存在。

（二）豆干是豆製品的菁華

　　豆干的製作過程如下：大豆經浸泡，再經過磨漿、濾漿、煮漿後形成豆漿。豆漿經過點漿的程序後，形成豆腦（也稱做豆腐花、豆花、豆腐腦），豆腐腦再經過包覆壓製，可形成豆腐、豆乾（即豆干）與百葉等三種豆食品，其中豆腐與豆乾的差別在於水份的多寡，豆乾經過較多道的壓製過程，水份排除多。經壓製後的豆乾其植物性蛋白質較其他豆製品爲多，豆乾可謂豆製品中的菁華。

（三）大豆干廣泛的運用在民俗中

　　在大溪眾多的豆類食品中，以大紅豆干及黑豆干兩者，運用最爲廣泛，除在飲食上是重要的食材外，亦運用於祭祀活動中，滿足常民的精神生活，相較於其他豆製品，豆干更具研究價值。

〔註6〕林明德，《大溪豆腐系列文化研究》，臺北：財團法人中華民俗藝術基金會，1997年，頁61～82。

圖 1－1　大紅豆干

圖片說明：8cm×8cm×2.5cm，呈紅色，中間有方形凹陷。

圖片來源：筆者自攝，2010.4.28，大溪內柵地區。

圖 1－2　大溪黑豆干

圖片說明：7cm×7cm×2cm，呈暗紅近黑色，中間有方形凹陷。

圖片來源：筆者自攝，2012.5.26。

二、空間範圍

　　本論文的研究取向著重在豆干的飲食文化。而本論文的研究範圍以桃園縣大溪鎮爲主，在思辯與論証的同時，也會參酌與大溪地區有約略相似的自然與人文環境的區域資料來引述。何以選定大溪鎮爲研究範圍？其因有：

（一）大溪鎮的豆干產業爲全台之首，豆食相關產品豐富，銷售範圍廣大，
　　　　並發展出完整的製造與行銷體系與網絡。

（二）雖現今大溪產業豐富，如木器、豆干、花卉等，但唯獨木器與豆干兩者，知名度廣大，可以說是大溪意象，一旦提到大溪，便會令人聯想到豆干。

（三）大溪具有深度的歷史發展，藉由周圍的山林資源及大漢溪的河運便利，一度讓大料崁成爲繁榮之都，清末時列名全台前二十大城市〔註7〕，後因河運沒落，大溪繁榮漸退，後因旅遊活動興盛，再次出現榮景，在大溪起落的發展過程中，對於豆干在民間飲食上，應有其影響與轉變。

就以上三點來說，大溪地豆干產業發展確有其值得研究的價值。

三、時間範圍

　　大溪地區漢人的進墾約略在清中葉時。在過去，飲食文化並非史學家及文人學者所看重，相關的記錄並不多見，至日治時期方有關於豆腐與豆干的相關調查與記錄，受制於早期文獻資料的不足，本研究以日治時期以降至當代，爲本研究的時間斷代，廣泛的蒐集文獻，並配合田野調查，整理大溪地區豆干在民俗中運用相關素材，並以溯源的方式，探討其所代表的意涵，並比較現今大溪地區豆干製作技術與原鄉的異同。

第三節　研究方法

　　本研究的目的在於整理大溪地區的豆干飲食文化及大溪豆干產業發展歷程，過去關於本範疇的研究並不多見也不深入，故在研究方法上必須借重文獻分析法及民俗學的田野調查，多方的探查與採集。

一、文獻分析法

　　文獻分析的工作主要分成下列四項工作：

（一）整理過去關於大溪豆干飲食文化與其產業文化研究的成果，做爲本研究的參考資料，並從其研究中找出尚待開發的研究空間。

（二）整理大溪地區過去關於開發歷程的文獻史料及各姓氏譜牒，以瞭解大溪過去發展的概況，與各家族遷徙的過程。

〔註7〕陳世榮，《大溪鎮誌歷史篇》，桃園：大溪鎮公所，2003年，頁182。

（三）從臺灣、閩南包含漳州、閩西地區文獻資料、地方志，整理歲時、生命及食飲禮俗，建立研究前的先備知識。

（四）蒐集各地方文人整理的筆記、手稿、散文，預先瞭解大溪地區關於豆干運用的情形。

二、田野調查法

本研究希望籍由大溪各家族牒譜的蒐集與整理，理繪出大溪的族群遷移路線，大溪半數以上的族群，其中國大陸原鄉來自漳州府詔安縣秀篆鎮、官陂鎮、霞葛鎮、平和縣大溪鎮以及南靖縣梅林鎮、書洋鎮，本研究實地走訪上述地區，以田野調查的方式來取得研究所需的資料，在田野調查的工作中，利用觀察與訪談兩種技巧，以利資料的蒐集，其中觀察法的運用，本研究採用非參與式的觀察，而訪談法的運用則是採用半結構化訪談。透過此二種方法的應用，以補足文獻的不足，以期掌握更完整的資料。

（一）非參與觀察

所謂「非參與觀察」是指「研究者並不直接參其中，而是觀察其間的互動」〔註8〕，也就是研究者置身於活動外，從事觀察，而觀察者通常被介紹給受觀察者的團體。本研究實地的參與並觀察大溪地區居民如何將豆干運用在生活飲食及禮俗上，在生活飲食方面，走訪大溪地區具特色的飲食店與小吃，觀察豆干在在其中的運用。在祭祀方面，一般民間的祭祀多按照歲時節俗與生命禮俗來進行，也因祭祀的對象不同，會在不同的地點舉行，故本研究依大溪地區的禮俗，排定訪查的日期，路線，親身實地前往觀察、記錄。在豆干的製作技術上，本研究與重要且具歷史的豆干製造業者聯繫，觀察其製作豆干的方式，並加以記錄。

（二）半結構化訪談

以非參與觀察進行研究時，多半只能觀察到現今豆干的製作過程及現今在常民生活飲食及祭祀上的運用，若佐以半結構化的訪談，對於製作方式的改變，常民禮俗的的細微變化，較能體現，對於豆干在生活中的重要功能有

〔註8〕Jonathan Grix 著，林育珊譯，《TOP 研究的必修課——學術基礎研究理論》，臺北：寂天文化，2008 年，頁 219。

更精確的認識，讓本研究更爲完整。所謂的「半結構化訪談」是指「研究者往往在心中已經預藏了一些個人希望從受訪者處得知的問題，然而在進行的過程中，並不須要依照任可特定或預定的順序」〔註9〕。本研究以文獻整理及實地觀察所得的資料，加以整理，勾勒出豆干在常民的運用情形，再進行半結構化訪談，訪談的對象以大溪地區耆老，司功、負責家中飲食的女性長輩、販售業及小吃業者以及豆干業者。

三、歷史溯源法

它是歷史文化殘餘分析的方法，此方法是將田野調查所獲得的資料，經過整理歸納比較後，加以歷史的追溯和比較，來探索民俗現象的變化與規律。由田野調查，所整理出豆干在禮俗上的應用情形尚需經過歷史的溯源，由古文、經典與筆記小說中找出豆干在禮俗中的文化意涵。筆者除廣泛的觀察與訪談，並探究豆干所蘊涵的文化意義。

四、地圖調查法

此方法是用於瞭解一個民族或民俗的地理分佈時，用地圖的方式加以呈現，以顯現其空間分佈。族群及其遷移與豆干飲食文化有密不可分關係，透過族譜的整理，釐清族群的遷移路線與族群的分佈，以地圖的方式呈現後，再藉由此路線中的各地方志與文獻，整理豆干在該地的應用情形，試圖找出大溪地區豆干與各地的同相、殊相以及關聯性。

第四節　既有的研究成果

本研究旨在探討大溪地區的豆干飲食文化。豆漿、豆腐與豆干在大溪地區族群日常生活中有其特定的用途與目的，隨後因觀光事業的發達，帶動豆干產業的蓬勃發展。而大溪地區豆干飲食風俗，應是藉由族群遷移而傳來大溪。故本研究的取向在大溪豆干產業的變遷、族群遷移、豆干在日常飲食、重要歲時飲食及祭祀上的應用等面向。以下分別以豆干產業發展、族群遷移、豆干飲食文化爲綱，分別羅列整理前人的研究成果：

〔註9〕Jonathan Grix 著，林育珊譯，《TOP 研究的必修課——學術基礎研究理論》，臺北：寂天文化，2008 年，頁213。

一、大溪豆干產業發展方面

在豆干產業發展方面，現今已有的研究有以下五篇：

（一）《大溪豆腐系列文化研究》

林明德編輯的《大溪豆腐系列文化研究》〔註 10〕是大溪第一部針對豆食產業發展與現況調查的成果報告，其內容多爲著者第一手的訪談資料，深具參考價值，不僅在產業發展方面，還包括豆食品的製作技術，此方面資料豐富，豆干在日常生活的應用也有約略的介紹，唯尚未有系統的整理與分析。林明德以該次的調查研究，分別發表三篇〈大溪豆腐文化探索〉〔註 11〕，發表於中華飲食文化基金會會訊，此三篇期刊內容與上述《大溪豆腐系列文化研究》大略相同。

（二）《大溪的開發與產業變遷》

毛玉華的碩士論文《大溪的開發與產業變遷》〔註 12〕，在此篇論文當中談及大溪豆干的產業發展歷程、各類豆干的製作方式、未來產業的展望，以及大溪黑豆乾的源流，在這一段的論述中，作者參考了林明德所編輯的《大溪豆腐系列文化研究》，再加上作者自己的田野訪談。本研究認爲本篇論文關於豆干的研究的原創性及開創性不高，多採用第二手資料，殊爲可惜。

（三）《2001 年大溪文化節——神恩、豆香、木器馨——深度系列報導》

黃淑芬編輯的《2001 年大溪文化節——神恩、豆香、木器馨——深度系列報導》〔註 13〕，其性質亦是類似調查報告，將大溪地區的豆干業的起源與發展以及各家豆干業者的介紹，其特色同於林明德主編的《大溪豆腐系列文化研究》，內容重於日治時期至現今的發展，但缺乏族群遷移過程中豆干應用與製作技術的演變。

〔註10〕林明德，《大溪豆腐系列文化研究》，臺北：財團法人中華民俗藝術基金會，1999 年。

〔註11〕林明德，〈大溪豆腐文化探索——中〉，《中華飲食文化基金會會訊 5：4》1999 （11）：24～29。林明德，〈大溪豆腐文化探索——下〉，《中華飲食文化基金會會訊 6：1》，2000（2）36～43。

〔註12〕毛玉華，《大溪的開發與產業變遷》，南投：暨南國際大學歷史研究所碩士論文，2000 年，頁 24～25。

〔註13〕黃淑芬，《2001 年大溪文化節——神恩、豆香、木器馨——深度系列報導》，桃園：大溪鎮歷史街再造協會，2001 年。

（四）〈傳統手工業的現代化——黃日香個案研究〉

　　毛玉華的〈傳統手工業的現代化——黃日香個案研究〉〔註14〕則是以黃日香豆干爲個案，以深度訪談的方式，探討其由手工業晉升到機械化的歷程。此研究的價值在於其調查爲第一手資料，而且可呈現豆干業者於民國六、七十年代其生產方式的轉變。

（五）〈為大溪豆腐干尋根〉

　　佟孝贏的〈爲大溪豆腐干尋根〉〔註15〕其內容較偏近於報導，報導的對象爲黃日香豆干，介紹黃日香豆干的起源及其企業文化，本文的研究空間尺度與對象同上篇〈傳統手工業的現代化——黃日香個案研究〉，皆過於狹隘，不易見到大溪豆干產業變遷的完整面貌。

二、族群遷移方面

　　過去大溪區域性的研究，均會提及大溪地區的拓墾與開發史，如：李文良，《日治時期臺灣林野整理事業之研究》〔註16〕、詹德筠的《大溪煤礦誌》〔註17〕、陳建宏的《公廟與地方社會——以大溪鎮普濟堂爲例》〔註18〕，及張朝博的《1945 年以前大溪舊街區聚落空間之構成與發展》〔註19〕等論文。但上述研究各有其取向，除簡略的論述大溪地區的開發史外，關於大溪地區族群遷移均無深入研究。對於此範疇的研究，有較深入的探討則有下列：

（一）〈近代大料崁的菁英家族與地方公廟：以李家與福仁宮為中心〉

　　陳世榮的〈近代大料崁的菁英家族與地方公廟：以李家與福仁宮爲中

〔註14〕毛玉華，〈傳統手工業的現代化——黃日香個案研究〉，《暨南史學創刊號》1998（6）：63～72。

〔註15〕佟孝贏，〈爲大溪豆腐干尋根〉，《綜合月刊 143》，1978（10）：111～115。

〔註16〕李文良，《日治治期臺灣林野整理事業之研究》，國立臺灣大學歷史學研究所碩士論文，1993 年。

〔註17〕詹德筠編，《大溪煤礦誌：礦業始末資料編錄集》，桃園：著者發行，1997 年。

〔註18〕陳建宏，《公廟與地方社會——以大溪鎮普濟堂爲例（1902～2001）》，國立中央大學歷史研究所碩士論文，2004 年。

〔註19〕張朝博，《1945 年以前大溪舊街區聚落空之構成與發展》，中原大學建築所碩士論文，1999 年。

心〉〔註20〕。陳世榮此文著重於討論李騰芳家族與大溪地方公廟之間的關係，分析地方發展的脈絡，但藉由族譜，整理出李家家族遷移較爲完整的面貌。

（二）〈大溪的詔安客——從福仁宮定公古佛談創廟的兩個家族〉

藍植銓〈大溪的詔安客——從福仁宮定公古佛談創廟的兩個家族〉〔註21〕一文則籍由地方公廟的主要信仰「定公古佛」，以及大溪兩大家族李家與呂家的族譜中記載的遷移路線，做爲印證，兩大家族與汀州地區的關係。

（三）〈臺灣漳州客家分佈與文化特色〉

吳中杰〈臺灣漳州客家分佈與文化特色〉〔註22〕一文則以語言學的研究方式，研究漳州客家族群的語言特徵，並簡述漳州客家族群在臺的分佈地區，在本文中提到，大溪地區尚保有部份詔安客語的語彙。

不過在此範疇中可以看出，目前尚無大規模且完整的研究大溪地區族群的特色，僅就過去日人的調查及大溪地區的主要信仰，瞭解到大溪是一個漳州族群聚居的地方，但更深入的分辨大溪多數族群屬於漳州閩南文化族群亦或是漳州客家族群，目前則無。就飲食文化的傳承來看，大溪地區族群特色是本研究須釐清的重要範疇，而這方面，研究尚缺完整的調查與研究，是本研究需著力之處。

三、豆干飲食文化

豆干係屬黃豆製品，過去只針對豆干爲對象的研究，並不多見，但以豆腐爲對象者，則較爲常見。在以豆腐爲對象的研究中，也大略會介紹到豆干在飲食上的應用。在本節前述，林明德主編的《大溪豆腐系列文化研究》，所採集的大溪地區耆老的口述歷史中，約略提到豆腐及豆腐干在大溪地區的應用，除該調查外，以下介紹此方面的相關研究成果。

〔註20〕陳世榮，〈近代大料崁的菁英家族與地方公廟：以李家與福仁宮爲中心〉，《民俗曲藝138》2002（12）：239～278。
〔註21〕藍植銓，〈大溪的詔安客——從福仁宮是公古佛談創廟的兩個家族〉，《客家文化研究通訊》1992（2）：59～73。
〔註22〕吳中杰，〈臺灣漳州客家分佈與文化特色〉，《客家文化研究2》1999（6）：117～138。

（一）《中國豆腐》

林海音的《中國豆腐》〔註23〕一書，此書雖非研究類書籍，正確說來應為一本以豆腐為對象的散文書籍，但此書收錄了多篇關於豆腐的研究文章，如〈豆腐考〉、〈古籍中的豆腐〉、〈中國諺語志「豆腐」句子略鈔〉、〈古典文學中的豆腐〉……等，本書的價值，不僅在上述豆腐考據的文章上，其他與豆腐有關的散文如〈母親的抓豆腐〉、〈豆腐史詩〉、〈豆腐頌〉、〈豆腐史詩〉等散文也深具參考價值。

（二）《吃在汀州》

李文生、張鴻祥的《吃在汀州》〔註24〕，則完整的介紹汀州地區豆腐相關製品的製作方式及各種以豆腐為主要食材的的佳餚。對於本研究對象其原鄉地區的豆腐飲食文化，具有相當的佐證力。

（三）〈豆腐裡的儒釋道〉

艾勇的〈豆腐裡的儒釋道〉〔註25〕則分析儒家、佛家及道家三者對豆腐在飲食中的態度。道家將豆腐視為一向社會下層的宣傳工具，為豆腐披上巫術的色彩。儒家則排斥道家所崇尚的巫術，堅持其理性思考的態度，也對於豆腐採否定的立場。佛教對於豆腐則以較開放的態度接納，主因是佛教的禁肉態度。

（四）〈從釀豆腐的起源看客家文化的根基〉

張應斌的〈從釀豆腐的起源看客家文化的根基〉〔註26〕，探討釀豆腐的起源及其深蘊的客家心理、客家傳統。作者認為釀豆腐反應了客家族群生活的環境的封閉及其經濟的弱勢，釀豆腐易與其他客家食材搭配，為客家的菜餚增添了色、香、味。

〔註23〕林海音編，《中國豆腐》，臺北：大地出版社出版，2009年。
〔註24〕李文生、張鴻祥，《吃在汀州》，北京：中國言實出版社，2000年。
〔註25〕艾勇，〈豆腐裡的儒釋道〉，《百科新說2009：11》，北京：湖南省科學技術廳，2009年，頁15～16。
〔註26〕張應斌的〈從釀豆腐的起源看客家文化的根基〉，《嘉應學報28：10》，湛江：嘉應學院，2010年10月，頁5～11。

（五）〈客家菜與客家飲食文化〉

楊彥杰的〈客家菜與客家飲食文化〉〔註27〕則探討客家飲食文化的特色，同樣也提到客家人受限於生活環境，食材多取自山產，故豆腐製品種類多樣，且喜醃臢，故豆腐乳是家家必備的菜餚。

（六）〈客家霉豆腐〉

連允東的〈客家霉豆腐〉〔註28〕，也是介紹客家族群的豆腐乳的製作方式，其可能起源以及在客家飲食上的應用。

綜合上述，目前尚無以豆干為研究對象，探討其在日常生活的應用的相關研究，已有的研究多偏重於豆腐或豆腐乳，且多探討其在日常生活飲食的應用。本研究著重在族群遷移與豆干的關係，探討大溪豆干是否與其原鄉飲食文化有傳承的關係，大溪豆干在日常生活中應用的情形，與其原鄉是否有相似之處。本研究另一重點在於，豆干在祭祀上的應用情形。本研究的方向與過去即有的研究有極大的不同，故本研究具有相當程度的獨創性。

〔註27〕楊彥杰的〈客家菜與客家飲食文化〉，《第六屆中國飲食文化學術研討會論文集》，臺北：財團法人中國飲食文化基金會，2000 年，363～381 頁。

〔註28〕連允東，〈客家霉豆腐〉，《福建鄉士，2007：1》，福建：中國民主同盟福建省委會，2007 年，頁 35。

第二章　大溪豆干業的變遷

第一節　清季至太平洋戰爭爆發前豆干業的發展

　　豆腐與豆干在漢人飲食中是肉類的最佳替代品，是勞力繁重的農耕生活中，最佳的植物性蛋白質補充品，在日常飲食中扮演重要的角色。大溪地區在清康熙年間漸有漢人藉由大嵙崁溪與內港道進入開墾，至清乾隆時期大量漢人移入，其原鄉文化，包含豆腐與豆干的製作技術，也因此傳入大溪。

　　隨著族群間的分類械鬥，讓本區的族群特色逐漸鮮明。大溪漸為漳州農業族群的聚集地。而後山林資源逐漸開發，大溪的經濟地位提高，市況逐漸繁榮，清朝末年至日治前期經濟發展達於頂峰，各家商號與勞力密集的產業進駐大溪，為大溪帶來了空前的繁榮。大溪地區的勞力需求殷盛，薪資優沃，各種人力、勞力湧入，豆腐、豆干依續扮演其肉類替代品的角色，為豆干業的銷售市場舖下良好的基礎。本節將簡略探討大溪的開發歷程、清末時期大溪各產業發展的情形及其為豆干業發展帶來的助益。

一、清中葉以來大溪地區的拓墾

（一）大溪的地理位置與特色

　　大溪鎮位於桃園縣中部，北鄰八德市，東接新北市鶯歌鎮與三峽鎮，西臨平鎮市與龍潭鄉，南隔石門水庫與復興鄉相望。由於大漢溪由中部貫穿，形成一道天然的界線，將大溪分成河東及河西兩區塊，清季河東諸庄及河西

的缺仔庄、中庄及粟仔園庄同屬海山堡，河西地區其餘諸庄屬桃澗堡〔註1〕。至日治大正九年（西元 1920 年）行政區重新劃分，河東及河西各庄合併同隸屬於新成立的大溪郡。當時大溪郡尚轄今龍潭鄉及復興鄉山地地區，民國三十七年，角板山鄉（今復興鄉）改隸新設立之山地區域署，民國三十九年龍潭鄉獨立設鄉，大溪鎮的行政區域底定，如現今區域。

　　本研究區域主要地理區可分三大區：西部由古大漢溪形成的沖積扇台地區、中部由大漢溪河流回春作用所形成的河階地形區，東南方由溪洲山脈構成的丘陵區。西部的古沖積扇地區為大溪最早開發之地，本區興築了許多的埤塘，做為水源調節使用〔註2〕，又此區的土壤多為紅壤，次為黃壤，酸性極強，對一般農作物的發育及養份的吸收有不利的影響，但適於茶樹的生長。故本區自開發以來，產業的發展以農業為主。

　　中部地區最重要的地形特色應屬河階地形，河階地形的形成是由於古臺北盆地陷落，造成河川襲奪，古大料崁溪發生改道，河川的侵蝕基準面下降，而形成河道的左右兩側約略各有三層的河階面。此區的土壤多為肥沃的沖積土壤，故此區是極佳的農業區。又因濱臨大料崁溪，具有河運之利，《淡水廳志》有云：「擺接渡，廳北百五里擺接堡．有上下渡，往來新莊；上通大姑嵌三坑仔、下達淡水港」〔註3〕，在清中葉以來，大溪地區便漸形成街道，具有商業機能。

　　大溪地區的東南方，屬雪山山脈的西北坡，由舊石嶺山、溪州山、牛淵山、白石山、金面山等，東北往西南走向的淺山所組成，其高度約在四百至七百公尺。本區富含山林資源，最具代表性的有：樟樹、茶樹與煤礦。此區的山林資源，配合大料崁河運之利，是促成大溪自清季至日治時期繁榮興盛的主因。

　　綜觀大溪地理環境的特色，首先是航運之利，除山林資源便於輸出外，日常生活物資也可透過河運輸入，因此大溪成為周圍地區，貨物出入的吞吐口，人潮匯集。也因居住於大溪的族群，本來就是擅於製作豆腐豆干的族群，

〔註 1〕 臺灣銀行經濟研究室，《淡新鳳三縣簡明總括圖冊》，南投：臺灣省文獻會，1996 年，頁 10～12。
〔註 2〕 陳正祥，《臺灣地誌 下冊》，臺北：南天書局有限公司，1993 年，頁 1103～1107。
〔註 3〕 陳培桂，《淡水廳志》，臺北：臺灣銀行經濟研究室，1958 年，頁 69～70。

豆腐製品在日常生活廣泛的運用，隨著人潮聚散，不管是商人抑或是苦力、工人、船夫，皆常有機會品嘗大溪地區的豆製品，並將它傳遞出去，因而建立大溪豆干的名聲。另外就目前所掌握的資料來看，尚無法看出當時製作豆干原料的黃豆，大溪當地是否生產，若有生產，能否滿足自身需要，也是一大疑問。但因有便利的航運，即便自身無生產或是產量無法滿足，也可藉著航運之利，取得黃豆，故對豆干產業的發展有絕對的助益。

　　另由於大溪地理環境的特色，鄰近丘陵地區，地勢起伏不大，在開發之初，遍佈樟樹，需經砍伐，再加以整地，並推展他們所熟悉的農業工作。過半的大溪族群，來自於福建南部的詔安、南靖、漳浦等地。再向上延伸，上述族群，多來自於汀州地區的上杭、永定地區，這些原鄉地區的地理環境也是以丘陵地形，為其主要的形態，伐木業與農業，原本就是原鄉地區族群所擅長。故早期來此開發的族群，透過便利航運來到大溪這所熟悉的環境，自是如魚得水，將其在原鄉所習得的生活技巧，運用於此，並在此深耕落籍，也帶來了原鄉的飲食文化。

（二）大溪的拓墾與漳州特色的形成

　　在上段提到，大溪地區因大漢溪從中流通，因而形成河西及河東兩大地理區，大溪的開發先由河西地區先行開墾，再漸往河東地區。其開墾順序的形成主要是因為河東地區離山區較近，有兇悍的大料崁番，而河西地區也因位於南北交通的要道上，故開發的時間較河東地區為早，以下先介紹河西地區的開墾。

　　在漢人入墾前，大溪地區主要是原住民的活動地區。在河西地區主要是平埔族的凱達格蘭族南崁社、坑仔社、龜崙社及霄裡社等四社在此活動。而高山族主要是泰雅族的大料崁番（Msbtunux）在河東及部份河西地區如番子寮活動，隨著漢人入墾的腳步，漸漸逼進，大料崁番漸退卻至大溪東南丘陵及今復興鄉山地〔註4〕。

　　在漢人大量入墾前，大溪的河西地區已是南北往來的要道，清康熙末年周鍾瑄編《諸羅縣志・雜記志》：「擺接附近，內山野番出沒，東由海山出霄

〔註4〕洪敏麟，《臺灣舊地名之沿革・第二冊上》，臺中：臺灣省文獻委員會，1983年，頁100；臺灣總督府臨時臺灣舊慣調查會，《番族慣習調查報告書・第一卷》，臺北：株式會社臺灣日日新報社，1915年，頁12～14。

裡，通鳳山崛（筆者案：應為崎）大路，海山舊為人所不到，地平曠；近始
有漢人耕作，而內港之路通矣。」〔註5〕。此內港道，經大嵙崁溪沿岸至霄裡
社，越過鳳山崎（今新竹湖口鳳山村）到竹塹社〔註6〕。此時本區的交通易達
性提高，但少有漢人入墾。

1、河西地區的拓墾

大溪地區漢人大量入墾大約在清乾隆六年（1741 年）左右，《淡水廳志
稿》：

> 桃澗堡水圳有二：一曰靈潭陂圳，……；一曰霄裡大圳，該處離城
> 六十餘里，係乾隆六年，業戶薛奇龍邀全霄裡社通事知母六并集眾
> 佃，……，灌溉番仔寮、三塊厝、南興莊、棋盤厝、八塊厝、山腳
> 莊，共六莊田業，……。〔註7〕

至此之後，河西地區漢人大量入墾，乾隆十年（1745 年），閩人謝、蕭、邱、
呂、賴、黃、吳、李、張、邵、江等十一姓，自鳳山北上，開闢與本鎮相鄰
的同屬古石門沖積扇的八塊厝、下莊仔，（今八德境內）等地。〔註8〕乾隆二
十二年（1757 年）漳籍江士香、江士根兄弟偕同詔安、平和、南靖之農墾團，
由福建祖地渡臺，落籍大溪桃澗堡埔頂庄〔註9〕。乾隆二十年（1755 年）袁朝
宣開墾缺子到粟子園一帶〔註10〕，乾隆三十四年（1769 年）林祿以林和名，
向霄裡社通事鳳生佃墾黍仔園（筆者案：粟仔園）埔地一所。〔註11〕乾隆四
十三年（1778 年）蔡來、洪天、鄭明則向霄裡社通事鳳生、社番甲頭、白番
等給墾員樹林埔地。〔註12〕

〔註 5〕 周鍾瑄，《諸羅縣志》，臺北：文建會，2005 年，頁 357。

〔註 6〕 張素玢、陳世榮、陳亮州，《北桃園區域發展史》，桃園：桃園縣文化中心，
1998 年，頁 47。

〔註 7〕 鄭用錫，《淡水廳志稿》，南投：臺灣省文獻委員會，1998 年，頁 26。

〔註 8〕 盛清沂〈新竹、桃園、苗栗三縣地區開闢史（上）〉，《臺灣文獻 31：4》1980
（12）：174。

〔註 9〕 江橙基，《臺灣省桃園縣大溪鎮江有源、江源記公號開台族譜》，（無出版資
料），頁 8。

〔註10〕 盛清沂〈新竹、桃園、苗栗三縣地區開闢史（上）〉，《臺灣文獻 31：4》1980
（12）： 174。

〔註11〕 臺灣銀行經濟研究室，《清代臺灣大租調查書》，臺北：臺灣銀行經濟研究室，
1963 年，頁 550。

〔註12〕 臺灣銀行經濟研究室，《清代臺灣大租調查書》，臺北：臺灣銀行經濟研究室，
1963 年，頁 373～374。

　　河東地區原為原住民生活地區，在清康熙末年，交通路線打開，此地位於南來北往的內港道之上，漢人漸漸來墾，初期來墾的族群，或可藉由過去文獻，瞭解此族群為閩籍或粵籍，但若欲探究其來自閩省或粵省何地，則不易得知。本研究透過蒐集大溪地區各姓族牒譜、信仰及訪談，可以瞭解來自漳州詔安、平和、南靖的農墾團，在清乾隆前期，已來到河西地區，而由這些地區來墾的族群以及入墾八德的十一姓氏，應是構成大溪早期族群特色的族群。

2、河東地區的拓墾

　　清乾隆二十餘年間（大約西元 1755 年至 1765 年間）粵人謝秀川〔註 13〕、賴基郎為霄裡、龜崙二社熟蕃土目之管事，出而招佃開墾石墩庄至內柵庄等地，有漳人、粵人邱、廖、古、張、戴、倪等姓分段領地開拓。〔註 14〕乾隆中葉，有南靖縣人簡斯苞、簡忠有、簡東信、簡年昌、簡義加、簡義直，陸豐人廖鵬翌、鎮平人湯兆鳳等人入墾。〔註 15〕乾隆五十三年（1788 年），陳合海、江番共同建立大料崁上街及下街（今大溪鎮中山路及和平路）〔註 16〕。乾隆末年，更有安溪人陳懋詩、陳懋義、陳懋主兄弟，海澄人鄭國、江顯佑，漳浦人藍正及客籍鎮平人張秀蘭、張秀書兄弟之後裔、吳仲立、吳仲金兄弟，五華縣人鐘朝香，陸豐人戴有金等人陸續入墾，拓荒於大溪鎮內。〔註 17〕至此大溪河東地區的第一、二層河階，已大致拓墾完成。乾隆五十五年（1790 年），漳籍漢佃首江有源（即江士香家族）負責管理霄裡社在河東地區的埔地。〔註 18〕在清中葉階段，大溪地區漢人的入墾，泉、漳、粵族群皆有，但以漳、粵族群為多。

〔註 13〕另人一說為閩人，見張朝博，《1945 年以前大溪舊街區聚落空間之構成與發展》，中原大學建築學系碩士學位論文，1999 年，頁 26。

〔註 14〕桃園縣文獻委員會，《桃園縣志卷一土地志》，桃園：成文出版社有限公司，1973 年，頁 36。另有一說謝賴二人招佃入墾時間為乾隆 55 年。今採乾隆二十餘年之說。

〔註 15〕洪敏麟，《臺灣舊地名之沿革第二冊上》，臺中：臺灣省文獻委員會，1983 年，頁 91。

〔註 16〕桃園廳，《桃園廳志》，臺北：成文出版社有限公司，1985 年，頁 66。

〔註 17〕洪敏麟，《臺灣舊地名之沿革第二冊上》，臺中：臺灣省文獻委員會，1983 年，頁 91。

〔註 18〕陳世榮，《大溪鎮誌歷史篇》，桃園：大溪鎮公所，2003 年，頁 171。

3、林本源家族進駐大溪地區帶來更多的漳州人

林本源家進入大溪地區參與開發約在清嘉慶年間以後，其將投資眼光放在大溪主要原因在於，臺北盆地開發逐漸飽和，而大溪有河運之利，且尚有未開發的土地，開發利益龐大。林家積極的取得大溪地區墾地的大租權與小租權，其參與大溪拓墾中的最重要事件便是參與陳集成墾號，開發三層地區。陳集成墾號成立在道光八年（1827 年）林家便參與其中，該墾號具有濃厚的漳籍色彩，十位持股者至少有三位可以確認為漳州籍，如：林安邦、李炳生、及呂蓄調等，其中陳成漳墾號的漳字則顯示出組成人員的漳州色彩。林家在清宣統二年（1910 年）正式取得所有陳集成墾號的股份，並掌握大租權與大量的小租權，具有處份墾地的權利。根據李宗信的研究，林家在大溪取得的土地及租業遍佈缺子庄、溪州庄、中庄、內柵庄、三層庄、田心仔庄、大料崁街及月眉庄，土地面積約 650.7231 甲的土地〔註19〕。其中在三層庄、缺子庄、新溪州庄、田心仔庄取得小租權最多。

林家取得大量的土地與租權，吸引了更多的漳州人進駐大溪，其原因在於林家的漳籍領袖色彩。林家在三層、缺仔、新溪州、田心仔等地的擁有大量的土地小租權，握有土地的實際耕作權及處份權，而向林家承耕的耕佃只能依約限年代耕和繳納地租，約限期滿，則必須另立契約，始能續耕，或林家有權「起佃」〔註20〕，而另招別佃代耕。

林家始祖林平侯雖籍漳州龍溪，但居於廈門，故具有漳、泉兩籍的色彩。平侯子林國華在清咸豐三年（1853 年）漳泉械鬥，受板橋地區漳籍人士之邀，復遷板橋，清咸豐五年（1855 年）築板橋城，以防禦泉人的騷擾〔註21〕。當

〔註19〕 李宗信，〈大料崁溪中游漳州籍民優勢區域的形成〉，《臺灣文獻 62：2》，2011（6）：頁 25。

〔註20〕 本研究認為「起佃」之義，係大小租戶取得土地耕作權，招佃入墾，若因佃戶未繳納地租或其他原因，則將已佃出之土地收回，另行招佃。在《清代臺灣大租調查書》第 13 章隆恩租立招耕水田字人黃承長的地契文中記載：「立招耕水田字人黃承長，有承買黎興成水田兩處……，又供納小租早穀一百二十石正，約限每年六月收成之日，在埕一足量清，豐荒兩無加減，務宜精燥煽淨，不得濕有抵塞，亦不得少欠升合：如有少欠，即將無利磧地佛銀作時價扣抵清白，立即起佃，耕人不得異言。……」其「起佃」之義，應如上述，見臺灣銀行經濟研究室，《清代臺灣大租調查書第六冊》，臺北：臺灣銀行，1963 年，頁 999。

〔註21〕 許雪姬，〈林本源及其花園之研究〉，《高雄文獻 3／4》，1980（6），頁 43。

時林家已儼然成爲漳州籍民之首領。另在清同治年間閩浙總督慶瑞、福建巡撫瑞璸的奏摺中指出，林平侯子林國芳，因「起佃」問題與泉民發生糾紛，引發激烈漳泉械鬥〔註22〕，此事件不難看出，在清咸豐末年後，林家與泉人的嫌隙日深，關係不佳。而林家在咸豐年間以降，在大溪地區所取得的小租權，數量多，自需招佃入墾，再加上林家具有漳民領袖的特質，自然可持續吸引漳民入墾大溪，而益發大溪地區的漳籍色彩。

4、大溪地區的分類械鬥及分類意識的形成

漢人約在清乾隆時期入墾大溪，初來大溪墾拓者，以漳、粵移民爲多，後又持續吸引漳民入墾。然早期入墾的粵民及少數的泉民，經過分類械鬥事件後，使其在大溪地區的生活愈來愈艱困，進而消失或遠離；此外異地的械鬥，也會因爲大溪地區漳人的比例較高，吸引該地弱勢的漳人移入，以求保護，而使大溪地區的漳民比例更加的提高。

大溪地區的械鬥發生的時間約爲清嘉慶年間至咸豐年間，械鬥的型態爲漳人與泉粵對抗的分類械鬥，其影響促成了泉人與粵人的移動，尤其是粵人漸往龍潭、中壢方向移動，而漳人在大溪的凝聚力更爲加強，在大溪公廟「福仁宮」的興建，過程可以看出如此的分類意識。福仁宮建廟與當地神明會組織福仁季十八分有密切的關係，在建廟同時，大溪當地氏族所成立的福仁季十八份出資六十一元，共同承買大料崁八張犁店仔街伯公廟背埔地壹所，並由此埔地擇一吉穴，興建福仁宮〔註23〕。共同承買人可起蓋店。並註明，「公置埔業各人各出工本起蓋屋宇或瓦或茅，倘異日要移別處創大基業，要將店屋退賣他人，須要漳人承頂，不得退賣別州別府等人，此係公議定規，不得移易」。立契人皆爲大溪重要家族代表人〔註24〕。在這樣分類意識氛圍下，大溪自不易再吸引非漳籍族群進入。

大溪地區的分類械鬥在清咸豐末年間漸消散，清咸豐九年（1859年）福

〔註22〕 臺灣銀行經濟研究室，《清穆宗實錄選輯》，臺北：臺灣銀行經濟研究室，1963年，頁11。

〔註23〕 福仁宮管理委員會，《大溪福仁宮沿革簡介》，桃園：福仁宮管理委員會，2002年，頁6。

〔註24〕 立契人有李金興、李火德、林本源、廖廷穩、呂蕃調、呂衍治、簡長源、陳漳合、簡亨政、李炳生、江排呈、李邱趙、邱乃辛、廖士要等人。皆爲大溪當地重要家族。見張朝博，《1945年以前大溪舊街區聚落空間之構成與發展》，中原大學建築學系碩士學位論文，1999年，附－7。

仁宮修建時地方士紳討論大嵙崁地區如何避免受到漳、泉、粵三族分類械鬥的波及，會議結論恭請粵系主神「三山國王」，泉系主神「保生大帝」入廟供奉，透過信仰的力量，漸消弭分類械鬥〔註25〕。

綜合上述，大溪爲一遠海靠山的區域，適宜從事農耕活動，清乾隆中葉後，大量漢人入墾，當時漳、粵、泉籍人士皆有，但以漳、粵人士居多。後因北台各地發生分類械鬥，造成族群版圖重新合併，大溪地區漸成爲漳籍人士爲優勢之地區。

二、大溪地區的產業發展

大溪地區的山林資源豐富，前已敘述。在東南丘陵區爲泰雅族大嵙崁番的盤據之地，墾殖不易。清咸豐年間的兩英法聯軍戰役，清政府戰敗，清同治元年（1862 年）淡水設洋關正式開市〔註26〕，外人看重北臺地區的樟腦與茶業，大溪的丘陵地區頓時經濟價值提高，唯利之所趨，即便艱辛的拓墾，也阻擋不了漢人的腳步。

經過此時期的發展，商業的繁盛，吸引了大量的勞工階級前來大溪，從事諸如：船夫、苦力工、樟腦工、礦山、輕便車夫等工作，這些工作耗費體力龐大，當然報酬相對也較一般農夫爲高，而大溪對於這樣的勞工需求殷切，僱主所給予的工資較其他鄉村地區也高。在如此的社會發展狀況下，豆腐、豆干具有高單位的植物性蛋白質，可滿足當時的勞工階級補充體力的需要，且其較優的薪資，也支持其對豆干的消費能力，再加上豆干的保存期限較豆腐稍久，便於攜帶。因此大溪的產業發展，順帶的影響了豆干業的發展，爲其立下發展的良好基礎。

（一）東南丘陵區的拓墾

1、溪州山地的拓墾

廖希珍著《大嵙崁沿革誌》記載：

> 清同治四年（1865 年）士林廩生潘永清集股開墾湳仔溝，同治七年

〔註25〕福仁宮管理委員會，《大溪福仁宮沿革簡介》，桃園：福仁宮管理委員會，2002年，頁3。

〔註26〕戴寶春，《清季淡水開港之研究》，臺北：師大歷史研究所，1984年，頁76～77、83。

（1868年）田心庄黃新興招佃開墾水流東，並整腦灶至二三千份。

是時崁市漸爲熱鬧、而下街西北附近遂加築茅屋數百間，即今后尾街與草店尾街是也，是時新南街畔之店屋亦加築成列耳〔註27〕。

清同治年間大溪東南丘陵區的開墾，也帶動了大溪市街的繁榮。受漢番衝突影響，使得拓墾的工作並不順利。中法戰爭後，劉銘傳結合林本源家族的力量，在大嵙崁山區開山撫番，再次進墾丘陵區〔註28〕。後日人治臺初期，本區隘線崩潰，泰雅族人短暫的奪回本地〔註29〕。後日人以征討的方式開拓溪州山地，漢人才正式在本地穩固。

2、烏塗窟的拓墾

烏塗窟地區早在道光十年（1830年）即有金順成墾號入墾，經過「陳添成」、「金永成」、「蕭五湖」等墾號接手皆未能開成，直至清同治七年（1868年）泉人「黃安邦」再次入墾，漢人的勢力才正式穩固〔註30〕。

（二）大溪產業的興盛

東南丘陵區的進墾，進一步的促進山林資源的開發，配合大嵙崁溪的河運，帶動大溪進入興盛期，吸引大量外地人口，不分族群，前來大溪，大溪地區人口不僅增加許多，從業結構也發生了改變，大溪工商業齊飛，大溪街區擴大，上街出現成排的商店街屋，下街與新街（今和平路）漸次形成。產業持續的發展，外來人口移入，許多的家族在此時進入大溪傳衍，爲有計畫的容納人口的增加，官方有計畫的造屋，於是新南街逐漸的形成。

1、樟腦與茶業

在清同治六年（1867年），八芝蘭人潘永清，集資募丁，開墾八結、湳仔溝，種植茶樹〔註31〕，並製樟腦外銷，水流東地區已有腦灶二、三千份〔註32〕。

〔註27〕廖希珍，《大嵙崁沿革誌》，引自張朝博，《1945年以前大溪舊街區聚落空間之構成與發展》，中原大學建築學系碩士學位論文，1999年，附－16。

〔註28〕吳煥文，〈大嵙崁盛衰記〉，引自富永豐，《大溪誌》，新竹：大溪郡役所發行，1944年，頁134。

〔註29〕伊能嘉矩、楊南郡譯注，《臺灣踏查日記》，臺北：遠流，1996年，頁77。

〔註30〕陳建宏，《公廟與地方社會──以大溪鎮普濟堂爲例（1902～2001）》，國立中央大學歷史研究所碩士論文，2004年，頁36。

〔註31〕艾耆，《大溪鎮誌》，桃園：大溪鎮公所，1981年，頁6。

〔註32〕廖希珍，《大嵙崁沿革誌》，引自張朝博，《1945年以前大溪舊街區聚落空間之構成與發展》，中原大學建築學系碩士學位論文，1999年，附－16。

西元 1872 年，外人至大嵙崁、三角湧、咸菜甕（今關西）一帶大量採購樟腦，此三地成爲全臺最主要的樟腦集散中心〔註 33〕。清光緒 13 年（1887 年）劉銘傳在大嵙崁設立腦務總局，實施樟腦專賣〔註 34〕。潘永清至八結、湳仔溝種植茶樹之外，清同治 10 年（1871 年）永福庄（烏塗窟地區）已有種植茶樹的記錄〔註 35〕，不只在河東地區的烏塗窟及八結地區，河西地區的員樹林地區也有植茶的記錄而且蔚爲風氣〔註 36〕。至清末外國商行紛紛在大嵙崁街設立辦事處，收購樟腦及茶葉〔註 37〕。

　　日人領臺初期，全臺抗爭，日人控制全臺後，尚無暇顧及東南丘陵地區的隘勇防線〔註 38〕，東南丘陵區又回復到原來的狀態，至明治 30 年（1897年）以後方才逐漸復甦。在明治 32 年（1899 年），大溪地區的樟腦事業漸漸回復，並更深入山區，分別有大嵙崁人、臺北城人士，日籍人士、龍潭人士在崩山後、外奎輝、竹頭角、石牛、角板山社內、吶哮坪、尖筆山大鳥、九樟坪、水流東、五寮崙、吊藤嶺、三聯坪等地設有腦灶製腦。〔註 39〕大溪地區除當地人士之外，更引入人各地臺人、日人在山區工作，街區持續繁榮，商業鼎盛。而後雖傳出蕃人有不穩舉動，但經日人的封鎖、理蕃後，局勢穩固，而角板山地區漸次開發〔註 40〕。河西員樹林地區亦有豐富的產量，唯品質稍差。

〔註33〕林滿紅，《茶、糖、樟腦業與臺灣之社會經濟變遷》，臺灣：聯經出版事業公司，1997 年，頁 54。

〔註34〕戴寶春，《清季淡水開港之研究》，臺北：師大歷史研究所，1984 年，頁 90～91。

〔註35〕臺灣總督府高等林野調查委員會，《高等林野調查委員會公文類纂》09900，頁 497～498。另見李文良，〈日治時期臺灣林野整理事業之研究——以桃園大溪地區爲中心〉，附錄四，頁碼 38。

〔註36〕陳建宏，《公廟與地方社會——以大溪鎮普濟堂爲例（1902～2001）》，國立中央大學歷史研究所碩士論文，2004 年，頁 47。

〔註37〕吳煥文，〈大嵙崁盛衰記〉，收錄於富永編，《大溪誌》，大溪郡役所發行，1944年，頁 134～135。

〔註38〕張朝博，《1945 年以前大溪舊街區聚落空間之構成與發展》，中原大學建築學系碩士學位論文，1999 年，頁 40。

〔註39〕張朝博，《1945 年以前大溪舊街區聚落空間之構成與發展》，中原大學建築學系碩士學位論文，1999 年，頁 41。

〔註40〕臺灣總督府史料編纂委員會編，《臺灣樟腦專賣志》，臺北：編者，1924 年，附錄，頁 1～2。另見王世慶《淡文河流域河水運史》，臺北：中央研究院中山人文社會科學研究所，1996 年，頁 12～15。

2、礦業

明治三十四年（1901 年）龍潭銅羅圈人邱明福在大溪取得礦權、而大溪內柵游其安於明治三十六年（1903 年）在三層、頭寮地區取得礦權，而後林崇貴、鄭松、李傳儉、曾天生、呂建邦、黃椿東、李傳珍、陳聚成等人在茄苳坑經頭寮至新溪州一帶山地，陸續開採煤礦。上述人士多為大溪地區住民。而後本鎮呂建邦、簡阿牛及汐止周再思、日人矢野豬之八、城崎彥五郎、山本義信、奈須義質等陸續投入資金開採煤礦〔註 41〕，大溪煤礦產量在日治昭和十八年（1943 年）達於顛峰。

3、河運及苦力業

大溪地區有大嵙崁溪的通過，使其具有航運之利，在清中葉以後，即已形成一河港，在此航運之利下，大溪成為桃、竹、苗等山區貨物出入的重要門戶，不僅河運大盛，從事貨物搬運的苦力業也大有人在。從事航運及貨運苦力業者，除大溪在地者外，吸引了來們桃園、中壢等地的居民〔註 42〕。王世慶先生研究大嵙崁的發展在西元 1865 年至 1905 年間最為繁榮，尤其在明治三十二年（1899 年）達到顛峰。〔註 43〕大正十三年（1924 年）桃園大圳灌溉系統完成，大嵙崁溪水運沒落。

4、輕便鐵

日人治臺後，首要的交通建設基礎工程，便是興建縱貫鐵路，以期整合南北貨物的運輸，擴大生活圈。明治三十六年（1903 年）基隆的貨運吞吐量首度超越淡水，更可見鐵路運輸逐漸取代水運〔註 44〕，在此發展態勢之下，大溪的紳商申請設立桃崁輕便鐵道會社，鋪設桃仔園至大嵙崁的輕便鐵道與縱貫鐵路接軌，以期維持大溪市況的繁榮。

大正七年（1918 年）年三井會自行鋪設水流東經五寮通三角湧輕便鐵道，三角湧以南、大嵙崁東南一帶，原由桃園輕鐵軌道公司運送大批的茶葉、大材、樟腦、山產物及沿途各個煤炭都改經三角湧出山〔註 45〕，大正八年，周

〔註 41〕詹德筠，《大溪煤礦誌》，桃園：著者發行，1997 年，頁 102。
〔註 42〕富永豐，《大溪誌》，新竹：大溪郡役所發行，1944 年，頁 136。
〔註 43〕王世慶《淡水河流域河港水運史》，臺北：中央研究院中山人文社會科學研究所出版，1996 年，頁 31～55。
〔註 44〕李筱玫等著，〈大溪市街的興衰〉，《地理教育第 31 期》2005（5），頁 10～11。
〔註 45〕毛玉華，《大溪的產業與變遷》，未出版，國立暨南大學歷史研究所碩士論文，2001 年，頁 22。

再思鋪設烏塗窟三角湧的單線輕便軌道，烏塗窟的茶及煤炭，改由此路線送三角湧〔註46〕。大正十四年（1925年），縱貫公路完成，並未通過大溪，原經由大溪轉運的各地物產，轉往他處，大溪街區失去了貨物集散的功能，市況由繁榮逐漸沒落。雖輕便鐵路在大溪出現的時間不算長久，但在當時也是一項吸引許多人從事的行業。

（三）大溪地區常民生活概況

大溪地區在清末後，各項產業逐步發展，進入繁榮輝煌的時代。豆干在大溪是常民食材來源之一，豆干為豆製品的精華，製作程序較為繁鎖，其價格相較於豆腐、豆花等豆製品高。欲瞭解此階段豆干在常民生活的運用，應先瞭解此階段大溪地區的常民生活狀況。在日治初期大溪隸屬於桃園廳，其下共分三區，有大料崁區、三層區、員樹林區，三區互相比較，大料崁區屬於商部是商業發達之區商家林立，因其本身即為河港，貨物的吞吐口，三層區屬工區，樟腦、伐木、礦業較興盛，員樹林屬農部，居民大都從事農業〔註47〕。由此可概括看出大溪地區當時存在的職業類別有：農業、樟腦業、礦業、航運及苦力等。後來因河運衰落，大溪當時建有輕便鐵，以繼續維持貨物的運輸，因而有了輕便鐵車伕的職業，以下分別介紹各類職業從業人員的生活。

1、農村生活

大溪地區因土壤貧瘠，且靠山地區水利設施不足，不宜種稻。除河階地區少數地區為一等良田，收成較好外，多數生活不甚理想，為彌補收入，多種植蔬菜，飼養家畜，家禽；靠山區居民或兼作礦工、輕便車伕或其他行業，維持生計〔註48〕。

2、樟腦工的生活

熬腦工人，負擔的資本較少，工作簡易，但須經年在山區工作，與蚊、蛇為伍，且熬腦工作一天二十四小時持續不能中斷，辛苦萬分〔註49〕。

3、船運工與苦力工生活

在歐戰爆發之前，大料崁繁榮之至，當時山產及大溪周圍日常生活物品，

〔註46〕詹德筠，《大溪煤礦誌》，桃園：著者發行，1997年，頁116。
〔註47〕不著撰者，〈三區狀況〉，《臺灣日日新報》第4版，臺北：臺灣日日新報，1905年7月28日。
〔註48〕劉慶茂，《崁津五十一》，無出版資料，2001年，頁111～112。
〔註49〕劉慶茂，《崁津五十一》，無出版資料，2001年，頁119。

皆經由大嵙崁河港進出，一日當中，在大嵙崁溪上航行及停泊在大嵙崁、臺北的船隻合計約二百五十艘左右。當時在大嵙崁溪從事船夫及苦力者約莫一千人。船夫的工作繁雜、笨重，裝貨、起貨、搬貨、點貨等工作皆需體力，有時也替顧客辦貨，生活皆在船上，是交通觀光未發達前，最時髦的工作〔註50〕。大溪地區的苦力者一日薪資約五、六十錢，是其他地方苦力者薪資的兩倍〔註51〕。

4、礦工生活

煤礦是屬於勞力密集的產業，耗力甚巨，安全性低，常受災變，影響礦工心理。礦工的工作專業性較低、只需短期受訓即可勝任工作，流動性高。從事煤礦工作的礦工，半農半工的比較相當高，農忙期農耕，農閒時到礦場工作〔註52〕。礦工的工資比一般工人高出甚多，在日治時期一天可賺一點五斗米，相當於十八斤白米〔註53〕。

5、輕便車伕

大溪地區的輕便車伕，多為父子檔或夫妻檔，其操作簡單，但上坡費力、下坡亦需謹慎，以免脫軌翻車。過去在大溪從事此業者甚多〔註54〕，輕便車夫的薪資較一般行業稍高〔註55〕。

綜觀上述大溪各產業勞工當時的工作內容與薪資條件，從事船夫、苦力工、樟腦工、礦山、輕便車夫等工作薪資優，但也相當的耗費體力，因此豆腐、豆干業也隨著大溪產業的發展漸漸的興盛。

三、豆干產業的發展情形

豆干的製作，製作過程可謂繁複，且耗時長。且因豆腐及豆干發酵時間短，經過一段時間放置，容易腐敗，不易保存。一般家庭，或雖擁有豆腐、豆干的製作技術，但基於上述原因，自行製作豆腐供食用並不符合時間成本，因此多向豆腐業者購買，故豆腐業存在已有相當長的歷史。

〔註50〕劉慶茂，《崁津五十一》，無出版資料，2001年，頁121。
〔註51〕富永豐，《大溪誌》，新竹：大溪郡役所發行，1944年，頁136。
〔註52〕詹德筠，《大溪煤礦誌：礦業始末資料編錄集》，桃園：著者發行，1997年，頁211～217。
〔註53〕劉慶茂，《崁津五十一》，無出版資料，2001年，頁108。
〔註54〕劉慶茂，《崁津五十一》，無出版資料，2001年，頁121～122。
〔註55〕本研究於101年5月12日採訪廖明進校長所得。

　　清朝時期以前因無相關文獻記載。故無法得知，豆腐、豆干業在大溪發展的情形。但在日治昭和五年（1930 年）《新竹州勢及商工名鑑》，以及昭和九年（1934 年）以後的《工場名簿》，記載當時大溪的豆腐業者，總計在日治時，大溪地區至少出現 6 家的豆腐製造業者，今製表如下：

表2－1　日治時期大溪地區豆腐業者名錄

業者姓名	主要產品	租稅額	商號名	地址	成立時間
王春	冰、豆腐	5.40		大溪街上街	不詳
林絨	豆腐	7.00		大溪街上街	不詳
黃屋	豆腐		日香豆腐工場	大溪郡大溪街	大正 15 年 4 月（1926 年）
邱黃傳坤	豆腐		怡德豆腐製造工場	大溪郡大溪街	昭和 8 年 5 月（1933 年）
黃媽城	豆腐		黃媽城豆腐工場	大溪郡大溪街	昭和 9 年 9 月（1934 年）
江乞食	豆腐		明榮商店	大溪郡大溪街	昭和 16 年 1 月（1941 年）

資料來源：

1、國分今吾，《新竹州勢及商工名鑑》，新竹：新竹圖書刊行會，1930 年，頁 70～71。

2、臺灣總督府殖產局，《工場名簿第七四一號》，臺北：臺灣總督府殖產局，1936 年。

3、臺灣總督府殖產局，《工場名簿第八○三號》，臺北：臺灣總督府殖產局，1938 年。

4、臺灣總督府殖產局，《工場名簿第八八六號》，臺北：臺灣總督府殖產局，1940 年。

5、臺灣總督府殖產局，《工場名簿第九四二號》，臺北：臺灣總督府殖產局，1942 年。

6、臺灣總督府鑛工局，《工場名簿昭和十七年》，臺北：臺灣總督府鑛工局，1944 年。

備註：日香豆腐工場業者姓名《工場名簿第八八六號》記錄為黃尾，《工場名簿第七四一號》、《工場名簿第八○三號》記錄為黃國，《工場名簿第九四二號》、《工場名簿第昭和十七年》則記錄為黃屋。

　　上述六家豆腐工場的主要產品皆為豆腐，而並非以豆干為主，其原因在於豆干並非是一項平民日飲食的主要食材或配料。當時大溪地區平民黃豆類的主要食材或配料主要是豆腐及豆腐乳。豆腐乳經過鹽漬後，保存期限增長，又帶有鹹味，在食用時不需任何的處理即可上桌，對當時的生活來說，是一項準備

輕鬆的食材，因此緣故，豆腐乳在當時是大溪地區居民普遍皆會製作的一項食品〔註56〕。豆腐在製作過程中相較於豆干是相當簡略，水份較多，同樣的黃豆原料，可生產的豆腐較豆干爲多，又當時大溪街區的家庭，早餐主食多爲稀飯，豆腐是一項極佳的配料，只要沾上醬油即可食用。而豆干與豆腐相較，並非是居民每日必需食用的食材，因豆干排除水份較多，是豆類製品中的菁華，價格相較於豆腐來說，價格高，居民食用的時機，多爲宴請客人、員工、祭祀後才有機會食用豆干，是屬於平民飲食中的高級食材〔註57〕，所以當時大溪地區以豆腐的銷售市場較佳，基於上述，在日治時期至民國五十年代以前，大溪地區的傳統豆干店，皆同時生產豆腐及豆干，而又以豆腐爲主力商品。

　　在《新竹州下商工名鑑》中記載當時大溪兩家的豆腐製造商，爲王春及林絨兩位業者，所以在昭和五年（1930年）這兩家業者便已存者。其中王春，目前其相關的訊息本研究尚未掌握，故無法論述。林絨則爲目前大溪萬里香豆干師承技術的來源。

　　林絨出生於清同治五年（1866年），原籍漳州府龍溪縣五都林家莊〔註58〕，於二十歲渡臺，二十五歲入贅大溪沈家。來到大溪後，以家鄉製法製作豆干。當時販賣豆干不足以維生，林絨上午販賣豆腐、豆干，下午兼做茶行生意。年老時將豆腐、豆干的製作技術傳給鄰居江序食，設立明榮商店〔註59〕，江乞食（族譜名爲江序食）原爲轎夫，生活清苦，林絨先生因年邁，子嗣無人有意願承接豆腐、豆干事業，故將製作器具及技術授與鄰居江乞食媳江黃阿稠女士（即江宗萬先生妻）〔註60〕，後明榮商店更名爲萬里香豆干。故林絨與萬里香豆干有技術傳承的關係。

　　黃屋其先祖爲福建漳州府人士，先祖遷居澎湖，後再遷居桃園八德茄苳溪附近〔註61〕，生於清光緒十四年（1888年），因其眼大，綽號「大目

〔註56〕本研究於101年5月12日採訪廖明進校長所得。
〔註57〕本研究於101年5月12日採訪廖明進校長所得；同年5月14日採訪王茂田老師所得。
〔註58〕本研究於98年11月9日於大溪玉玄宮訪問林國民先生所得，林國民先生爲林絨第三代子孫。
〔註59〕廖明進，《大溪風情》，桃園：財團法人和平禪寺文教基金會，1999年，頁103～104。
〔註60〕本研究於民國98年11月25日於江宅訪問江黃阿稠女士所得。
〔註61〕本研究於98年10月27日於大溪和平路訪問黃淑君所得，黃淑君小姐爲黃屋第四代子孫。

仔」、「黃大目」爲其另一稱號。於十三歲時來到大溪投靠姊夫呂新銘，二十二歲獨立做生意，大正十二年（1923 年）其媳黃陳菊妹從下街（今和平路）鄰居製作豆干技術，後再改良技術，製作出大溪黑豆干，早期經濟困難，其產業有三部份，一爲榨油、二爲米業、三爲豆干〔註 62〕，採複合式經營，以維生計。

　　邱黃傳坤創設怡德豆腐製造工場，本研究推測應是在新街（今和平路）的邱黃萬慶成立的豆腐廠〔註 63〕，該豆腐工場除生產豆腐外尙經營米業，販售白米及雜貨〔註 64〕。二次戰後，雖持續經營但很早即結束營業。黃媽城爲世居大溪粟仔園，其設立的黃媽城豆腐工場位於上街（今大溪中央路）。

　　上述大溪日治時期的各家豆腐業者，其所在位置皆在大溪街區，林絨先生豆腐店及其後傳承至江家的明榮豆腐店（爲萬里香豆干的前身）及黃媽城豆腐工場，皆位在大溪街區的上街（今中山路），黃屋的日香豆腐店及邱黃傳坤的怡德豆腐製造工場則位在下街及新街（今和平路），此五家豆腐工場皆位於大溪繁榮的街區，此點反應了，豆腐工場的設立需有其商閾，即銷售市場，可支持豆腐工場收入，讓其可持續經營。但日治中期的大溪地區，雖已過最繁榮的階段，但仍有許多的就業機會與商機，商業雖有滑落，但仍算興盛，再加上重勞力的苦力業勞工、輕便車伕、礦工的勞動階級，收入較優於其他行業，這些從業員在大溪地區及其周圍生活，對蛋白質的需求高，過去動物性蛋白質的取得不易，尤其是雞肉的價格高過豬、鴨，故雞肉並不常食用，僅在祭祀時才有機會食用的〔註 65〕，另大溪地區多爲漳州客籍族群，在原鄉地區即有食用豆腐的習慣，在上述的情形下，豆腐及豆干的需求殷盛，方可支持豆腐業者的存在。在昭和五年（1930 年）至少有王春、林絨及黃屋三位業者，但後續仍有邱黃傳坤、黃媽城等業者加入，顯見從事豆腐業仍有一定的利潤，吸引業者投入。

　　在日治中期大溪地區的豆腐業者有五家，其家數勝過同期桃園郡桃園街、中壢郡中壢街及桃園郡其餘地區，另豆腐工場創立的時間，日香豆腐工

〔註 62〕黃偉雯，《大溪鎮誌人物篇》，桃園：大溪鎮公所，2003 年，頁 263～264。

〔註 63〕劉慶茂，《崁津五十一》，無出版資料，2001 年，頁 114。

〔註 64〕臺灣總督府殖產局，《工場名簿第九四二號》，臺北：臺灣總督府殖產局，1942 年，頁 336；國分今吾，《新竹州勢及商工名鑑》，新竹：新竹圖書刊行會，1930 年，頁 71。

〔註 65〕劉慶茂，《崁津五十一》，無出版資料，2001 年，頁 214。

場、怡德豆腐製造工場及黃媽城豆腐工場皆在昭和九年（1934 年）以前設立，較桃園街、中壢街等地的豆腐工場設立為早（見表 2－2－2 日治時期桃園其他地區豆腐業者名錄），也可由此發現大溪地區的豆腐、豆干業在此時的發展，較桃園其他地區為盛。在此豆腐業者的名錄中，呂傳日的改良園豆腐製造工場創立於中壢郡中壢街，其家族在日治時期遷來大溪地區，呂傳日豆腐、豆干製作技術來自其父，其家族中呂傳得在大溪地區也製造豆腐、豆干販售，其弟呂傳忠亦於中壢地區經營豆腐、豆干工廠〔註 66〕，曾擔任桃園縣豆腐商業同業工會理事長及臺灣省豆腐商業同業工會理事，也是與大溪地區極有淵源的豆腐製造商。

表 2－2 日治時期桃園其他地區豆腐業者名錄

業者姓名	主要產品	商號名	地 址	成立時間
郭承田	豆腐	郭承田	桃園郡桃園街	明治 25 年 1 月（1892 年）
陳阿文	豆腐	陳阿文豆腐製造工場	桃園郡桃園街	昭和 10 年 2 月（1935 年）
李慶隆	豆腐	李慶隆豆腐製造工場	桃園郡桃園街	昭和 11 年 7 月（1936 年）
游昌雍	豆腐	東榮商店	桃園郡桃園街	昭和 16 年 1 月（1941 年）
呂傳日	豆腐	改良園豆腐製造工場	中壢郡中壢街	昭和 11 年 2 月（1936 年）
謝開源	豆腐	無商號	中壢郡中壢街	昭和 15 年 11 月（1940 年）
黃萬春	豆腐	日春商店	中壢郡中壢街	昭和 16 年 3 月（1941 年）

資料來源：

1、臺灣總督府殖產局，《工場名簿第八〇三號》，臺北：臺灣總督府殖產局，1938 年。

2、臺灣總督府鑛工局，《工場名簿昭和十七年》，臺北：臺灣總督府鑛工局，1944 年。

〔註 66〕本研究於 101 年 5 月 24 日在大溪中央市場訪問呂芳盛先生所得，呂芳盛先生為呂傳日先生姪。

　　大溪豆干業者在日治時期的經營，多採複合式經營，根據國分金吾的《新竹州勢及商工名鑑》中記載，王春及林絨兩家業者的租稅額僅 5.40 及 7.00 與大溪地區其他物品販賣業如鹽、酒、棺木、肥料、米豆、雜貨、藥物、等其他各業等相較，其租稅額遠低甚多，顯見從事豆腐、豆干業的營業額不高，獲利有限。在此情形下，複合式經營是維持生活的另一可行辦法，例如，林絨上午販賣豆腐、豆干，下午及從事茶業，黃大目除製作豆腐、豆干外也經營榨油及米業，以維持生計，邱黃傳坤除販賣豆腐、臺灣干豆腐外也經營米業。另邱黃傳坤及黃媽城的豆腐工場的職工數僅 3 位，不若黃大目的日香豆腐工場的 6～7 位〔註67〕。豆腐、豆干的製作過程繁複的條件且以手工製造，無法大量生產豆干，以林絨爲例，其工作的時間，從凌晨至上午，生產的豆干，常在上午銷售一空，還有向隅的顧客〔註68〕。因生產過程耗時耗費人力，無法大量生產，獲利有限，故另外經營其他副業，增加收入，是大溪地區早期豆腐、豆干業者經營的一項特色。

第二節　太平洋戰爭爆發以後豆干業的沉寂

　　日本在十九世紀末經過明治維新，國勢日盛。接連在西元 1895 年的甲午戰爭，及西元 1905 年的日俄戰爭及第一次世界大戰取得勝利後，軍權更加跋扈，侵略野心已昭然若揭，隨後提出大東亞共榮圈的構想，試圖建立東亞霸權，侵華行動陸續展開，爲讓軍事行動得以落實，將國家經濟由平時經濟轉換爲戰時經濟，以支援軍事行動。而此時大溪地區也因水運沒落，日人在臺興建完整的公路網，大溪交通樞紐地位不再，街區經濟衰退，因而對大溪的豆干業帶來了什麼影響，以下將就此加以探討。

一、日治末期物資配給制度及經濟統制

　　西元 1937 年中日戰爭開始，日本將民生工廠改爲軍需工廠，限制民生物資，增加生產軍需物品。爲平抑物價，避免因戰爭波及造成物價騰貴，形成

〔註67〕臺灣總督府殖產局，《工場名簿第七四一號》，臺北：臺灣總督府殖產局，1936年，頁 161；臺灣總督府殖產局，《工場名簿第八八六號》，臺北：臺灣總督府殖產局，1940 年，頁 167。
〔註68〕林明德，《大溪豆腐系列文化研究》，臺北：財團法人中華民俗藝術基金會，1999 年，頁 114。

民怨，昭和十四年（1939年）全面實施物品配給，配給的內容為生活必需品，如：米、豬肉、魚、菸酒、布、火柴等，另鹽、油、豆、麵粉、糖等，每人定量購買，每戶分發配給簿一本，憑簿向雜貨店蓋章排隊領物。〔註69〕為確保戰時經濟政策落實，並設立經濟警察執行生活必需物資配給指導取締工作〔註70〕此時豆腐、豆干雖不在強制配給之列，但可看出當時物資已有緊縮控制，如豬肉每人一週四台兩、普通魚每人一週一條。在蛋白質的攝取是不充足的情形下，豆腐的需求更顯重要。在此時大溪豆干的業者尚無退出的情形發生。

　　日本政府發動太平洋戰爭前，已完整規劃戰時糧食體制，其規畫以臺灣及朝鮮的米穀輸至日本本島，先維持日本本島糧食無虞，再以滿州國的雜糧輸往日本及所屬殖民地，以補各地區主要糧食的不足〔註71〕。滿州國的雜糧品質佳，尤其黃豆產量佔全世界產量 60%，質精，含油量高，榨油，食用皆佳〔註72〕。故在日治時期大溪地區的豆干者使用的黃豆原料多為東北大連豆〔註73〕。

表2-3　中日戰爭以降至二次大戰結束大豆輸入總額與臺灣自行生產總額表

年　　　代	大豆輸入總額（單位：公噸）	大連一等大豆臺北卸物價調（單位：円／百斤）	臺灣自行生產總額（單位：公噸）
昭和十三年（1938年）	43013（1）	7.45（1）	4062（8）
昭和十四年（1939年）	41906（2）	12.90（2）	3228（8）
昭和十五年（1940年）		18.06（3）	2684（8）
昭和十六年（1941年）		15.14（4）	2634（8）

〔註69〕劉慶茂，《崁津五十一》，無出版資料，2001年，頁241～242。
〔註70〕臺灣總督府，《臺灣統治概要》，昭和二十年。
〔註71〕李力庸，〈日本帝國殖民地的戰時糧食統制體制：臺灣與朝鮮的比較研究（1937～1945）〉，《臺灣史研究16：2》，2009（6）頁66。
〔註72〕臺灣農林新聞編輯局，〈友邦滿州國の農業を語る〉，臺灣農林新聞第三十七版，昭和十四年二月十五日。
〔註73〕黃淑芬，《2001年大溪文化節——神恩、豆香、木器馨——深度系列報導》，桃園：大溪鎮歷史街再造協會，2001年，頁113。

年　　代	大豆輸入總額（單位：公噸）	大連一等大豆臺北卸物價調（單位：円／百斤）	臺灣自行生產總額（單位：公噸）
昭和十七年（1942 年）		15.04（5）	3196（8）
昭和十八年（1943 年）		16.62（6）	2555（8）
昭和十九年（1944 年）		17.21（7）	5488（8）
昭和二十年（1945 年）			1957（8）

資料來源：

1、臺灣銀行調查課，《臺灣金融經濟月報，昭和十四年一月號》，（臺北：臺灣銀行，1939 年），臺灣金融經濟統計頁 21、26。

2、臺灣銀行調查課，《臺灣金融經濟月報，昭和十五年一月號》，（臺北：臺灣銀行，1940 年），臺灣金融經濟統計頁 21、28。

3、臺灣銀行調查課，《臺灣金融經濟月報，昭和十六年一月號》，（臺北：臺灣銀行，1941 年），臺灣金融經濟統計頁 16。

4、臺灣銀行調查課，《臺灣金融經濟月報，昭和十七年一月號》，（臺北：臺灣銀行，1942 年），臺灣金融經濟統計頁 19。

5、臺灣銀行調查課，《臺灣金融經濟月報，昭和十八年一月號》，（臺北：臺灣銀行，1943 年），臺灣金融經濟統計頁 16。

6、臺灣銀行調查課，《臺灣金融經濟月報，昭和十九年一月號》，（臺北：臺灣銀行，1944 年），臺灣金融經濟統計頁 18。

7、臺灣銀行調查課，《臺灣金融經濟月報，昭和二十年一月號》，（臺北：臺灣銀行，1945 年），臺灣金融經濟統計頁 18。

8、黃登忠，《臺灣百年糧政資料彙編》，（臺北：臺灣省政府糧食處，1997 年），頁 3～38。

資料說明：括弧內數字為資料來源，昭和 13 年及 14 年大豆輸入總額分別為 71689 千斤及 69844 千斤，經換算為 43013 公噸及 41906 公噸。

　　臺灣大豆的用途有以下三方面：榨油、釀造及製作豆腐製品。此三方面大豆的需求量，以豆腐製品的需求量排第三位。中日戰爭爆發初期，大豆的價格尚稱低廉。但在昭和十四年（1939 年）及昭和十五年（1940 年），東北進口大豆批發價格騰貴，漲幅為昭和十三年（1938 年）的二至三倍，昭和十

六年（1941 年）雖有回落，但此後仍穩定的上漲，臺灣本土的大豆產量，從昭和十三年以前逐年滑落，以昭和十三年來說，本土生產的大豆僅佔東北進口大豆的十分之一不到，對大豆價格的影響力有限，對於豆腐製作業者來說如此的漲幅造成成本上揚，豆腐價格上漲，經營上壓力增加不小。

　　昭和十六年（1941 年）太平洋戰爭爆發，同時發生糧荒，日政府爲確保戰時國民糧食，除整合米穀配給與銷日之外，亦拓及米穀以外的食糧，以稻米爲中心實施整體性的食糧供應計畫。昭和十九年（1944 年）成立臺灣食糧營團，依照臺灣總督府所定之食糧配給計畫，辦理主要食糧的配給。以大豆配給爲例，滿州產大豆購入後交由臺灣食糧營團統一辦理配給工作，一部份交由各州廳支部配給予一般民眾，另一部份交由及豆腐製造組合聯合會，分配給各地方小賣組合〔註 74〕。在戰爭末期，黃豆的價格高漲及臺灣總督府的食糧配給政策，也給予大溪地區豆腐、豆干製造業者一次整合的機會，透過黃豆配給的整合，讓部份豆腐製造商得以留存，以免因利潤微薄，而全軍覆沒。

二、中日大戰期間大溪礦業發展

　　日治大正 5 年（1916 年），開鑿桃園大圳，大嵙崁溪水量減少，加上輕便鐵及公路運輸完備，大溪的交通優勢喪失；第一次世界大戰後，國際金融風暴，大溪富豪一夕崩跌，如：月眉江家、田心仔黃家及簡阿牛氏瘁死，簡氏商業王國垮臺〔註 75〕，大溪市況一路下滑。

　　雖大溪街區市況不在，但在大溪東南方的丘陵地區礦業發展卻是進入黃金時期，至中日大戰及其後的太平洋戰爭爆發，臺灣總督府加緊煤炭的生產，以支援戰爭，並規定：「參加採煤工作者，視同從事軍需工齊看，可免除征調軍屬、軍夫，一時礦工激增，上達萬人」，並設大東分教場（即今永福國小的前身），以教育礦工子弟〔註 76〕。

　　戰後礦業的發展在二次戰後初期，產量銳減，民國 47 年後，多家煤礦公司陸續投入開採，產量大增，至民國 50 年達於鼎盛，超越日治時期以前的生產高峰。而後陸續收坑，至民國 75 年，大溪煤田的開採正式結束。

〔註 74〕華松年，《臺灣糧政史 上冊》，臺北：臺灣商務印書局，1984 年，頁 178～187。
〔註 75〕吳煥文，《大嵙崁盛衰記》，收錄於富永豐，《大溪誌》，新竹：大溪郡役所發行，1944 年，頁 137～138。
〔註 76〕劉慶茂，《崁津五十一》，無出版資料，2001 年，頁 242～243。

三、豆干業發展的衝擊

　　豆腐、豆干是常民生活中重要的食材，也是補充蛋白質的來源之一，豆干業能否生存，取決於消費者的支持，大溪在日治中期以後，逐漸失去交通要衝的地位，商業漸退，繁華不在，此時豆腐、豆干業者，在消費者逐漸流失，經營困境逐漸顯現。在此時期，豆干業者的發展有兩項重要的轉變，分述如下：

（一）豆干業者不固守街區，拓展銷售範圍

　　根據日治時期臺灣總督府所發佈的工場名簿中，大溪地區登記有案的豆腐商主要集中在大溪街區，在街區商業活動退去，業者為求生存，需自行尋求販售的市場，此時大溪地區的礦業發展方興未艾，從業人員與日俱增，再加上礦工勞動量大，且消費力足，對於豆腐與豆干有一定數量的需求，所以部份豆干業往東南方丘陵的礦場移動，黃屋三子黃伯鴻提到：「大溪的產業當年也是很發達的，煤礦到都在挖，復興山內更有伐木廠；工人多，配飯喜歡豆干」〔註77〕，而當時黃日香豆干，即以扁擔沿街叫賣，遠至丘陵地區販售〔註78〕，特別是當地民眾在早餐時，喜吃稀飯搭配豆腐，稱此類的販賣商為「賣豆腐的」。不僅黃日香豆干如此做法，當時大溪地區的其他業者也有相同的做法，有將製做好的豆腐、豆干由鶯歌火車站上車運送至萬華販售，也有業者送至龍潭地區販售〔註79〕。

　　如此的轉變，有助於大溪地區豆干名聲的拓展，對於民國60年後，觀光活動發展後，帶動豆干消費，奠定的基礎。

（二）日治末期業者自行整合，日香豆腐工場繼續經營

　　豆腐、豆干的製作原料黃豆，價格在日治末期翻漲，漲幅甚至近三倍，原物料上漲，為豆腐、豆干業者的經營增添許多難度，從昭和十四年（1939年）以後可以看出，豆干業者當時的經營可謂慘淡。至昭和十九年（1944年）臺灣總督府落實食糧配給政策，黃豆的配給緊縮，對大溪豆干業者的整合有許多的助益。黃日香豆干出面整合大溪地區的五家豆腐業者，由黃日香豆干

〔註77〕黃淑芬，《2001年大溪文化節——神恩、豆香、木器馨——深度系列報導》，桃園：大溪鎮歷史街再造協會，2001年，頁127。

〔註78〕本研究於101年5月12於廖厝訪問廖明進校長所得。

〔註79〕本研究於98年10月22於萬里香江家訪問江黃綢女士所得。

的黃屋出面收購各家業者的配給權〔註80〕，因此黃日香商店繼續經營，其餘業者停止營業。

　　何以黃屋的日香豆腐工廠取得黃豆的配權，本研究認為有下二點原因：

1、黃屋的子嗣眾多，有三房子弟〔註81〕，勞動力方面相較於其他各家業者更是充足，在經營上更易指揮調派，在昭和11年（1936年）工場名簿的記載日香豆腐工場的職工數有四男三女共七人〔註82〕，是大溪地區其他業者的兩倍以上，遠勝於當時記錄的各家豆腐工場。日香豆腐工場的職工數也反應了，當時黃家的家人口眾多，其豆腐、豆干的生產應較其他業者為多。

2、黃屋出面價購其他業者的黃豆配給權，也反應了黃家當時的經濟實力應較其他業者為強。黃家除經營豆腐、豆干事業外，尚經營麻油、舂米生意〔註83〕，此兩項生意皆屬民生必需品，有一定的利潤。黃屋從十三歲到大溪投靠姐夫呂銘新，為呂銘新的伙計，後與人合資開設布行兼營雜貨，再轉為經營豆腐、豆干、米行及榨油事業，幾經波折〔註84〕，至此已漸入平坦。經濟實力逐漸顯現。至民國52年，大溪草店尾普濟堂整修改建時，此時大溪豆干的發展尚未進入起飛，仍屬滲淡經營，黃屋以個人名義捐贈拜亭石獅一對，可以看出黃屋的個人的經濟實力。

　　日治末期，黃日香獨營豆腐、豆干工場的局面在二次戰後即結束，豆腐、豆干業者又漸回籠，明榮商店（即後來的萬里香豆干）、林絨媳林江窓、呂傳得經營的改良商店也作豆腐、豆干生意。戰後至民國60年的經營狀況，還是維持手工製作，除大溪街區的市場外，黃日香也努力經營丘陵地區的市場，呂傳得、呂傳忠兄弟經營的改良商店，則拓展臺北的中央市場（即今環南市場的經營）〔註85〕。但此階段業者努力的經營外地市場，大溪豆干的知名度日漸打開，為日後大溪豆干馳名奠定基礎。

〔註80〕林明德，《大溪豆腐系列文化研究》，臺北：財團法人中華民俗藝術基金會，1999年，頁65。

〔註81〕黃淑芬，《2001年大溪文化節——神恩、豆香、木器馨——深度系列報導》，桃園：大溪鎮歷史街再造協會，2001年，頁126。

〔註82〕臺灣總督府殖產局，《工場名簿第七四一號》，臺北：臺灣總督府殖產局，1936年，頁160。

〔註83〕黃淑芬，《2001年大溪文化節——神恩、豆香、木器馨——深度系列報導》，桃園：大溪鎮歷史街再造協會，2001年，頁127。

〔註84〕黃淑芬，《2001年大溪文化節——神恩、豆香、木器馨——深度系列報導》，桃園：大溪鎮歷史街再造協會，2001年，頁126。

〔註85〕本研究於101年5月24日於大溪鎮中央市場，採訪呂芳盛先生。

第三節 民國六十年代以後豆干業的蓬勃發展

在太平洋戰爭爆發後，物資日漸缺乏，豆干業的經營日漸困窘，最後由黃日香豆干獨攬黃豆來源，繼續經營，已如前述。戰後雖然各業者陸續回籠，唯大溪市街繁華已過，各家業者往大溪市街以外的地區發展，為大溪豆干拓展名聲。而這樣的發展也為後續觀光興盛，遊客人潮聚集後，讓豆干的銷售大增，帶動豆干業的發展。以下分別探討，民國 60 年代以後，大溪觀光旅遊活動發展，以及豆干業的轉變與蛻變。

一、蔣公奉厝慈湖帶動大溪觀光活動的興盛

大溪地區的景色，在日治時期便風行全臺及日本，日本政府為照顧日人的休閒活動，在大溪地區陸續興築觀光休閒設施〔註 86〕。位在大嵙崁街區草店尾大嵙崁溪畔的大溪公園，興建於明治四十五年（1912 年），公園內有忠魂碑及大溪神社供人參拜，以其依山傍水的景色，在日治時期大溪公園名列臺灣十二勝之一〔註 87〕。除此之外，從大溪街區沿大嵙崁溪上溯三里的石門，數十丈巨石屹立對河道兩旁，氣勢攝人；角板山蕃地在日人的理蕃與經營下逐漸開化，其優美的景色與具特色的風俗文化受日人的親睞，為日本皇室喜愛的旅遊勝地，日治大正十二年四月（1923 年）裕仁太子旅遊行啟，曾派侍從前來大溪，大正十四年五月（1925 年）秩父宮殿下、昭和二年十一月（1927 年）朝香宮殿下、昭和三年五月久邇大將宮殿下（1928 年）、昭和四年十月（1929 年）東伏見宮妃下，昭和八年七月（1933 年）久邇宮朝融王殿下，皆經由大溪前往角板實地探訪蕃地風情，三層八結（今百吉）地區有一座宮之臺即為當時中途休憩之地〔註 88〕。

在日治時期，大溪地區的旅遊活動即相當豐富，上述活動主要對象仍以日人為主，而臺人的休閒遊憩活動和民俗節慶活動有關，如迎神廟會、中元普渡、端午賽龍舟等為主。在此時期旅遊活動對豆腐、豆干的銷售影響不大，其主要原因是豆腐是多用於平民日常飲食，不適宜於旅遊活動中隨手攜帶、且各地普遍，未具特色。豆干部份則因價格高昂，且豆干的生產以紅豆干為

〔註86〕 盧秀華，《大溪鎮誌文教篇》，桃園：大溪鎮公所，2003 年，頁 118。
〔註87〕 盧秀華，《大溪鎮誌文教篇》，桃園：大溪鎮公所，2003 年，頁 118；富永豐，
　　　　《大溪誌》，新竹：大溪郡役所發行，1944 年，頁 97。
〔註88〕 富永豐，《大溪誌》，新竹：大溪郡役所發行，1944 年，頁 97～100。

主，黑豆干爲副，而紅豆干多運用於三餐料理，不易久放，在臺人的旅遊活動中並不流行。

　　光復後，大嵙崁溪澇旱不均，無法滿足灌漑需求，政府規畫於石門地區設壩興建水庫，民國四十五年正式動工，至民國五十二年完工，除灌漑防洪外也供應工業及民生用水。民國五十三年九月正式對外開放觀光。〔註89〕石門水庫，群山環抱，湖光山色，且水庫四周規劃許多風景區，開放之後逐漸帶動常民旅遊風氣，成爲著名觀光景點。

　　民國六十四年蔣介石逝世，暫厝大溪慈湖，每日前往謁靈人數多達千餘人，帶動大溪地區的觀光人潮。隔年大溪公園旁的總統賓館改成「總統　蔣公紀念館」，保存蔣介石的起居室，也展示蔣公圖片。慈湖、石門水庫及大溪街區等三區域結合成一熱門旅遊路線〔註90〕，這一旅遊風潮，帶來大量的觀光人口，也帶動了大溪地區豆干業的發展。

　　此一旅遊風氣興起後，觀光旅遊業者陸續在石門水庫周圍投入資金，設立風景旅遊區，如民國六十七年開幕的亞洲樂園，一度成爲全國最大的水上樂園。民國六十年曾添火申請設立阿姆坪樂園。民國七十三年設立的龍珠灣樂園，民國七十一年正式開業的神牛觀光區，以親子同樂的動物表演，也成爲大溪的重要的旅遊景點〔註91〕，大溪地區的觀光風氣持續的興盛。

　　民國六十年代旅遊風氣興盛後，此一時期設立的各特色樂園在民國八十年以後逐漸廢棄或停業。然而大溪地區的因社區總體營造工作的推動，又帶起另一波觀光的風潮。民國八十三年文建會主委陳其南提出將文化建設立國的理念，結合產業及傳統建築，形成「社區總體營造」的基本概念。大溪有著豐富的歷史文化背景及多樣的產業內涵，是一處極佳的「社區總體營造」推動地區。〔註92〕在社造工作的帶動下，大溪鎮公所、大嵙崁文化促進委員會與大嵙崁文教基金會、歷史街坊再造協會、形象商圈發展協會等社造單位進行一連串的社區導覽人才，地方文史蒐集與記錄，辦理地方藝文活動，喚

〔註89〕盧秀華，《大溪鎮誌文教篇》，桃園：大溪鎮公所，2003年，頁148；呂銘珠，
　　　　《溪洲城仔ㄟ故事》，桃園：桃縣溪洲農村觀光推展協會，2011年，頁24。
〔註90〕盧秀華，《大溪鎮誌文教篇》，桃園：大溪鎮公所，2003年，頁119。
〔註91〕盧秀華，《大溪鎮誌文教篇》，桃園：大溪鎮公所，2003年，頁146～153。
〔註92〕盧秀華，《大溪鎮誌社會篇》，桃園：大溪鎮公所，2003年，頁421。

起地方民眾思考重視並保存自家傳統建築，讓大溪老城區成爲一熱門的觀光
景點。此外大溪郊區的園藝產業興起、後慈湖的開放，復興鄉天空步道的興
建，持續讓大溪的觀光活動維持不墜。

二、民國六十年以後大溪豆干產業的成長與蛻變

　　大溪豆干產業在民國六十年代以後隨著觀光旅遊活動的興盛，而快速的
成長。民國六十七年經濟日報的報導：

> 大約在民國五十八年以後，通往大溪的公路，均已鋪成柏油路，帶
> 來大批遊客，試吃黑豆干之後，發覺味道不差，乃借旅遊之便採購
> 大溪豆干，帶回家送人或食用。使此項食品，成爲餽贈品與直接消
> 費品。其銷售量，隨即逐年上升；近三年來，增加最快。根據桃園
> 縣豆腐公會統計，該鎮獲配製造豆干之黃豆，三年前每月爲五○噸，
> 今年已增至一二○噸至一五○噸。〔註93〕

報導中提到大溪鎮獲配發製造豆干的黃豆從民國六十四年至六十七年增加三
倍，其主要原因，不難推測，是受觀光業發展所賜。另外民國六十四年蔣公
奉厝大溪慈湖，蔣經國先生造訪大溪街區，曾八次到過「黃日香豆干」，品嘗
黃日香豆干店的豆漿及豆腐，並與負責人黃伯鴻成爲好友〔註94〕。以蔣經國
先生的身份及報章媒體的報導，也加深了普羅大眾對大溪豆干的印象，對於
大溪豆干的銷售也有助益。但何以遊客一來，大家都會想買黑豆干？本研究
認爲有以下二點原因，其一在民國六十年代以前，觀光業尚未蓬勃發展以前，
大溪地區的豆腐、豆干業者，爲了拓展銷售量，已將豆腐、豆干的市場拓及
至大溪以外的地區，如同上節末段所述。其二大溪豆干在大溪存在的時間已
相當長久，是大溪外地遊子思念家鄉的食品，二次戰後，大溪子弟陳茂源任
臺大法學院教授，每至星期六常托其弟帶大溪的烏豆干到臺北，一解陳茂源
教授思鄉之情〔註95〕。亦或是大溪當地居民至外地工作時也會預訂大塊豆干

〔註93〕陳祖熹，〈大溪豆干·葷素貨俱全 聯鎖店已增至六十餘家報導〉，經濟日報，
　　　　民國67年12月7日第9版。
〔註94〕黃淑芬，《2001年大溪文化節——神恩、豆香、木器馨——深度系列報導》，
　　　　桃園：大溪鎮歷史街再造協會，2001年，頁128；張啓楷，〈經國先生業這塊
　　　　土地的愛令人感動〉，中國時報，民國88年1月14日，第4版。
〔註95〕林明德，《大溪豆腐系列文化研究》，臺北：財團法人中華民俗藝術基金會，
　　　　1997年，頁102。

前往送人，大溪豆干是饋贈外地親友的伴手禮〔註96〕。透過上述的方式傳到外地，為大溪豆干的流行奠定了重要的基礎。

但何以此時流行豆干主要是以烏豆干為主，卻不見紅豆干流行於外地？主要是黑豆干與紅豆干的製法不同，因而保存期限也不同，口感也不同。兩者完整的比較與說明請見第三章。黑豆干口感較硬，較乾燥，便於攜帶與保存，故更容易外地銷售。

此時期大溪豆干的發展有十足的成長與改變，其特色可由以下四個面向來說明：

（一）豆干產業整體快速發展

在上述經濟日報的報導中，可以看出大溪鎮黃豆的需求量在民國六十四年至六十七年間成長了近三倍之外，在同一報導中也提到販賣豆類食品的商店也成長至60餘家，成長相當快速。而民國六十年以前，大溪豆干的業者多自行製作及銷售，隨觀光業發展後，製作與銷售已有分家的態勢，大溪地區出現了專門至豆腐工場進貨再銷售的行銷業者，如大溪街區的王茂田先生，約在觀光民國六十年代即向萬里香豆干進貨，販售予觀光客〔註97〕。顯見販賣大溪豆干在當時已是一項利潤頗豐的行業，已有專門的銷售業者出現。

另外由於大溪豆干日漸馳名，大溪在地居民投入生產豆干的人數也增加許多，生產的重鎮由河東地區的大溪市街，漸擴及至三層地區及河西的埔頂、南興及員樹林地區。同時也吸引了大溪以外的業者，來到大溪設廠生產豆製品，以便搶搭「大溪豆干」品牌的順風車，如位在大溪河西埔頂地區的吳家豆干，便是由桃園地區的廠商移入本地〔註98〕。

在此時期也是豆干業者生產方式大躍進的時期。在此之前大溪豆腐、豆干業者製作豆干的方式仍維持傳統手工的方式，浸豆、磨漿、點滷、包覆、壓製等過程，維持手工製作，在如此的製作方式之下，各豆干店的產量有一定的限制，且因製作工序繁複，豆腐業者多於半夜開始磨豆，一直到天亮，開始販售，人力耗費大且辛苦。以手工製作的黑豆干及紅豆干至今在大溪地區仍然可見。

〔註96〕黃文秀，《大溪城上的月光》，桃園：著者發行，2010年，頁48。
〔註97〕本研究於101年5月14日採訪王茂田老師所得，王茂田老師原向萬里香豆干店進黑豆干販售，後向黃日香豆干進貨。
〔註98〕本究研於100年7月10日採訪吳家豆干負責人所得。

在民國六十年代，大溪的豆干業者因應豆干的需求量大增，開始引進機械，進入豆腐、豆干的生產製程。以萬里香豆干來說，在製作豆腐與豆干的前半段工序：浸泡、磨漿、煮沸、第一道過濾等階段，日本進口的大型機械來完成〔註99〕。而黃日香豆干也在此時進入機械化生產的時代〔註100〕。兩家業者不僅生產進入機械化，他們也擴充生產線，由原來的家庭工廠生產的方式，提升到設立新廠房，擴大生產。如黃日香豆干在民國60年在大溪信義路開設工廠〔註101〕，生產豆腐、豆干便是一例。

（二）產品的多元化與銷售方式的轉變

在民國六十年代以前，大溪地區的豆食品主要以豆腐、豆干為大宗，是漢人常民生活中主要的豆食品，另一種在大溪常見的豆食品是豆腐乳。早期大溪地區的漢人常會至豆腐店購買豆腐，然後曬乾，再使其發酵製成豆腐乳，供日後食用〔註102〕。豆腐乳是農家常見的食物，但透過客家先民而南遷，他們嫻熟的掌握了霉豆腐的製作方法〔註103〕，其成為農家重要食物的原因，有以下三點：

1、口味偏鹹，好配菜，適合重勞力的農家子弟食用。

2、豆腐乳的保存期限長，可延長豆腐的食用期，不浪費食物。

3、製作好的豆腐乳，易搭配稀飯、肉類來食用，且容易準備，不需要長時間來料理。

除豆腐、豆干、豆腐乳之外，豆皮、豆雞等豆食品也在早期便出現在大溪，但主要是寺廟中的僧侶或吃素的人食用居多〔註104〕，在普羅漢人中，豆雞、豆皮並不普及。

〔註99〕 蘇漢城，〈豆腐產業先輩緬懷──江宗萬〉，《臺灣豆腐歷史電子書》，頁11，見臺灣豆腐文化典藏館，網址：http://www.taiwantofu.com/index.php?option=com_content&view=frontpage&Itemid=1&lang=zh-TW，上網日期：101年6月17日。

〔註100〕毛玉華〈傳統手工業的現代化──黃日香個案研究〉，《暨南史學創刊號》1998（6），頁67。

〔註101〕林明德，《大溪豆腐系列文化研究》，臺北：財團法人中華民俗藝術基金會，1997年，頁67。

〔註102〕本研究於101年5月12日訪問廖明進先生所得。

〔註103〕連允東，〈客家霉豆腐〉，《福建鄉土2007年第1期2001年》，2007年：35。

〔註104〕林明德，《大溪豆腐系列文化研究》，臺北：財團法人中華民俗藝術基金會，1997年，頁97：本研究於101年5月12日訪問廖明進先生所得。

在旅遊活動興盛下帶動豆干產業的發達，大溪地區的豆食品種類逐漸多樣化，萬里香豆干店江宗萬先生在民國五十八年開發出辣味豆干，四塊一包，上以小張紅紙標明辣豆干〔註105〕，其型制小，水份較少，適合成為旅遊活動中的零嘴且便於攜帶。另黃日香豆干也在民國五十年左右推出素食豆干〔註106〕，而後隨著遊客增多，陸續開發出葷食口味的休閒豆干，如蒜味、沙茶、肉汁等〔註107〕。

而各家業者除銷售豆干外，也陸續販售大溪地區另一深具傳統特色的豆食品——豆腐乳，豆腐乳從各戶自製，用於平日生活中食用的食材，晉身成為大溪另一具特色的豆食品，如廖心蘭豆干、黃日香豆干、萬里香豆干等大溪知名的豆干商號皆販售豆腐乳。

在銷售方式上，大溪早期經營豆腐、豆干的商號，多以家族經營的型態營運，自製自售，銷售的管道以自家店面販售為主。當時的店面佈置多配合店窗下置一橫板，寬約一尺半，長與店窗同，橫板的兩端有圓樺，可掀起，並放置豆腐、豆干於其上販售。如此的販售設備，幾為早期店家的標準形式。至下午三、四時，若存貨較多，則扁擔肩挑且手搖鈴沿街叫賣兜售〔註108〕，用桃葉包裝，或自備家中磁盤裝盛〔註109〕。

這樣的銷售模式，至民國六十年代以後，產生的極大的變化，觀光客湧入大溪，遊覽車大量進入大溪，街上開始充斥著叫賣的小販，手持一包包裝好的大溪黑豆干，逢遊客便推銷，或登上遊覽車販售〔註110〕。而後若干的豆干業者為擴大業績，設立專為遊覽車遊客服務的休息站，如黃日香豆干休息站，販售該公司生產的各類豆干食品。

〔註105〕林惠家，〈蔣公陵寢奉厝締造銷售巔峯〉，中國時報，民國83年11月13日，第15版。

〔註106〕本研究於98年10月27日訪問黃日香豆干店第四代黃建泰先生所得。

〔註107〕黃淑芬，《2001年大溪文化節——神恩、豆香、木器馨——深度系列報導》，桃園：大溪鎮歷史街再造協會，2001年，頁129。

〔註108〕何肇喜建築師事務所，《桃園縣豆食博物館規劃報告期中報告書》，無出版資料，1999年，頁11～12；廖明進，《大溪風情》，桃園：財團法人和平禪寺文教基金會，2006，頁105；黃淑芬，《2001年大溪文化節——神恩、豆香、木器馨——深度系列報導》，桃園：大溪鎮歷史街再造協會，2001年，頁127。

〔註109〕何肇喜建築師事務所，《桃園縣豆食博物館規劃報告期中報告書》，無出版資料，1999年，頁12；林明德，《大溪豆腐系列文化研究》，臺北：財團法人中華民俗藝術基金會，1997年，頁115。

〔註110〕邱傑，〈大溪鎮豆干香〉，聯合報，民國66年1月27日，第9版。

　　目前大溪各重要風景區也普遍存有以攤販形式，現場滷製各類豆食品的攤販。這一類的攤販，也是於民國六十年以後才出現在大溪的重要風景區。根據中國時報的報導，這種形式的豆干攤販，最早是由萬里香豆干的第三代負責人江宗萬先生的妻子江黃阿稠女士首開先例，江黃女士以人力運送黑豆干到緊鄰大溪街區的大溪公園販售，後群起效尤〔註111〕，如今各大風景區皆可見到如此形式的攤販，其販賣的豆食品有：黑豆干、素雞、素肚、百頁豆腐、豆皮卷、花干等。這些豆食品會放在以數種香料、醬油等調味的滷汁中不斷的滷製，待遊客點選後切片，交由遊客享用。在民國六十年代，現滷豆干的攤販剛出現時，並無如此多的豆食品，最早只有黑豆干及素雞，而後再加入素肚、百頁豆腐的豆食品，而後其它的食材又陸續的加入。〔註112〕由此也可看出，大溪地區眾多的豆食品中，最具傳統性，最受廣泛民眾食用者，應為豆干，而其他豆食品則是後期陸續加入。

（三）加入豆腐商業同業公會成為公會的要角

　　豆腐商業同業公會的任務依據商業同業公會法所述有以下三項：一、關於會員商品之共同購入、保管、運輸及其他必要之設施。二、關於會員營業之統制。三、關於會員營業之指導、研究、調查及統計〔註113〕。臺灣省豆腐商業同業公會聯合會依此法於民國四十年成立，成立之初在臺灣各地已成立豆腐商業同業公會。此時屬二次大戰後，臺灣地區物資缺乏，黃豆主要來源係美方援助，由臺灣省物資局再配售至臺灣省各縣市的豆腐同業公會〔註114〕，各縣市豆腐公會再訂定黃豆配售辦法，配售予各豆腐商。在此時期豆腐同業公會功能吃重。

　　民國五十一年，臺灣省豆腐商業同業公會聯合會舉行第四屆理監事選

〔註111〕 林惠家，〈大溪豆干飄香近百年〉，中國時報，民國 83 年 11 月 13 日，第 15
　　　　版。
〔註112〕 本研究於 101 年 6 月 16 日在大溪中正公園採訪李阿芳女士所得。
〔註113〕 見維基文庫 http://zh.wikisource.org/zh-hant/%E5%95%86%E6%A5%AD%E5%
　　　　90%8C%E6%A5%AD%E5%85%AC%E6%9C%83%E6%B3%95#.E7.AC.AC.E
　　　　4.B9.9D.E7.AB.A0_.E8.81.AF.E5.90.88.E6.9C.83 上網時間：101 年 6 月 16 日。
　　　　本法已於 1972 年 7 月 26 日廢止。改定商業團體法。
〔註114〕 聯合報，〈豆腐業請物資局 改善黃豆供應 暫緩實行標售〉，聯合報，民國 50
　　　　年 2 月 11 日：第五版。後改由中央信託局配售，經濟日報，〈黃豆配價超出
　　　　市價 豆腐公會請中信局合理降低〉，經濟日報，民國 58 年 9 月 13 日，第四
　　　　版。

舉，黃日香豆干的黃伯鴻，當選臺灣省聯合會的常務理事〔註115〕。在五名常務理事席位，佔有一席，在當時，因豆腐商業同業公會，掌有黃豆配售的權力，豆腐自營商需向公會訂購黃豆，故加入公會的情形相當踴躍，各縣市豆腐公會的運作也有相當的規模，能佔有一席常務理事的席位，顯見大溪地區的豆干業者在當時的公會中即具有一定的經濟實力與影響力。而黃日香豆干在當時能有如此的實力，應是受助於家族企業多角化的經營，且日治末期，黃日香出面收購大溪地區其餘五家業者的黃豆配給權，即可看出其經濟實力。此外，末期的壟斷經營，讓其大佔市場之利，即便而後其他業者陸續復市，其影響力應不如黃日香豆干。

　　至六十年代，大溪觀光旅遊興盛，帶動豆腐豆干產業的發展，大溪地區的其他業者陸續嶄露頭角，民國六十二年萬里香豆干的江宗萬先生當選桃園縣豆腐商業同業公會理事長及臺灣省豆腐商業同業公會聯合會的常務理事。民國七十六年起擔任省聯合會第 13、14 屆理事長〔註116〕。在民國六十七年臺灣省豆腐商業同業公會聯合會理監事的改選中，選出的理事共 17 席，大溪地區有關的業者佔有二席，分別是江宗萬、黃伯鴻，另與大溪豆干業者極有淵源的呂傳忠也佔有一席〔註117〕。大溪地區的業者至民國九十八年時在 15 席的理事席位中仍佔有 4 席的理事，黃豆香豆干的黃文向為常務理事〔註118〕，可以看出大溪豆干的業者不僅在桃園縣豆腐公會中舉足輕重，在臺灣省豆腐公會聯合會中也具有相當的影響力。

〔註115〕聯合報，〈經濟社訊〉，聯合報，民國 51 年 1 月 13 日，第 5 版。其原文如下：「臺灣省豆腐商聯合會日昨舉行第四屆會員大會，已順利選出理事長常務監事。茲誌當選名單如下：理事長黃玉成、黃伯鴻、林東岳、陳大圳、王塋煙、許鑾祈，常務監事陳姜唯。」該會理事長理應屬一名，報導中應遺漏常務理事職稱，故本研究推測黃伯鴻應為常務理事。

〔註116〕蘇漢城，〈豆腐產業先輩緬懷——江宗萬〉，《臺灣豆腐歷史電子書》，頁 9，見臺灣豆腐文化典藏館，網址：http://www.taiwantofu.com/index.php?option=com_content&view=frontpage&Itemid=1&lang=zh-TW，上網日期：101 年 6 月 17 日。

〔註117〕經濟日報〈豆腐商業聯合會選出新任理監事〉，經濟日報，民國 67 年 7 月 8 日，第七版；呂傳忠為中壢地區的豆干業者，但其兄呂傳得在大溪地區設立豆干工廠並販售，呂家一門有許多兄弟以製作豆腐、豆干為業，本研究於 101 年 5 月 24 日於桃園縣大溪鎮民生路 3 號採訪呂芳盛所得。

〔註118〕臺灣省豆腐商業同業公會聯合會，《中華民族第十七屆豆腐節暨豆腐業始祖劉安公二一八九年誕辰臺灣省豆腐商業同業公會聯合會第廿屆戲二次會員代表大會手冊》，無出版資料，頁 16～17。

　　大溪地區的豆腐業者在公會中具有相當的席次，也在公會中推動豆腐、豆干製作技術的交流活動，在臺灣與日、韓豆腐業者的交流中，不僅是學習者，也是技術的傳播者。萬里香豆干第二代經營者江宗萬，因受母親鼓勵，前往日本留學，在西元 1945 年第二次大戰終戰後回臺接掌家族豆干製造本業，在民國六十年代，自日本引進豆漿生產自動化設備，並於臺北公開展示於同業〔註 119〕。江宗萬因其自小受漢學啓迪，赴日期間，被徵召到中國東北服役，從事炸藥製造訓練，在此時期學習化工業知識，故其接手家族豆腐事業後，鑽研豆腐、豆干製作技術及豆腐歷史探源。江宗萬在此二方面，具有十足的專業知識，而其對此二方面的技術與心得也不私藏隱匿，願意分享予後進，因此深受同業的認同。江宗萬在民國七十六年受同業推選，當選臺灣省豆腐商業同業公會聯合會第十三屆理事長，並連任第十四屆，在理事長任內曾受邀至日本兩次，至韓國三次分享豆腐製作技術與豆腐始祖探源的研究成果，成功的提高了日、韓兩地豆腐生產的效能〔註 120〕。

圖 2－1　日本トーヨー新報報導

圖片來源：本報導由萬里香豆干江秋雲女士提供。

〔註 119〕蘇漢城，〈豆腐產業先輩緬懷──江宗萬〉，《臺灣豆腐歷史電子書》，頁 11，見臺灣豆腐文化典藏館，網址：http://www.taiwantofu.com/index.php?option=com_content&view=frontpage&Itemid=1&lang=zh-TW，上網日期：101 年 6 月 17 日。

〔註 120〕トーヨー新報，〈豆干おスナック菓子に江宗萬さんに聞く 2 次加工製品〉，トーヨー新報第 1005 號，1989 年 11 月 1 日，第 8 版；黃文秀，《大溪城上的月光》，桃園：著者發行，2010 年頁 158。

　　江宗萬擔任理事長期間，時值兩岸融冰階段，民國七十八年，首次組團
至大陸與對岸同業進行交流，並在民國七十九年，與大陸同業合作，在大陸
與臺灣同時推動「豆腐文化節」〔註121〕，在此次活動中設立劉安公的神主牌
位，供祭祀用，神主牌上清楚註明「民國庚午年吉旦，中華民族首屆豆腐節
奉祀」，此神主牌之設立後，臺灣省豆腐商業同業公會聯合會每年劉安公壽旦
祭典也於此時確立〔註122〕。

圖2-2　淮南王神位

圖片說明：此神位爲臺灣省豆腐公會聯合會所奉祀。

圖片來源：筆者自攝，於 2009.12.13，於臺灣省豆腐公會聯合會理事長詹武雄宅。

　　江宗萬參與臺灣省豆腐商業同業公會聯合會活動的時期，將豆腐業始祖
劉安公的信仰傳至大溪，當時江宗萬在自宅設有香爐祭祀，在與大陸業者的
交流中取得劉安公的畫像，分享與豆腐同業，大溪黃日香豆干，再依此畫像，

〔註121〕蘇漢城，〈豆腐產業先輩緬懷──江宗萬〉，《臺灣豆腐歷史電子書》，頁 11，
　　　　見臺灣豆腐文化典藏館，網址：http://www.taiwantofu.com/index.php?option
　　　　=com_content&view=frontpage&Itemid=1&lang=zh-TW，上網日期：101 年 6
　　　　月 17 日。

〔註122〕關於此次尋根的年份說法有二：一爲臺灣省豆腐商業同業公會聯合會詹武雄
　　　　理事長認爲應爲民國 79 年（西元 1990 年），另一說則爲民國 80 年，見黃淑
　　　　芬著，2001 大溪文化節「神恩‧豆相‧木器馨」，大溪鎮歷史街坊再造協會
　　　　出版，2001 年，桃園，頁 112。詹武雄理事長並提出民國 79 年兩岸豆腐業者
　　　　交流後，臺灣業者立即請師傅製作劉安公神主牌。

雕製神像〔註123〕，在自宅祭祀。黃日香豆干所保有的劉安公木雕金身為全省唯一，每年國曆 9 月 15 日臺灣省豆腐商業同業公會聯合會辦理劉安公誕辰祭典時，部分承辦的縣市豆腐公會，還會至黃日香豆干處迎請金身前往會場祭祀〔註124〕。

圖 2-3　淮南王金身

圖片說明：此金身為桃園大溪黃日香豆干所奉祀。

圖片來源：筆者自攝，於 2009.11.3，於臺灣省大溪黃日香豆干老店。

（四）積極參與大溪社區營造工作，讓文化與豆干產業互利

　　西元 1995 年文建會提出的「文化產業化，產業文化化」政策〔註125〕，所謂「文化產業化（cultural industries）」係指將純粹的文化活動，可能是宗教的、節慶的，無經濟價值可言，經過企業經營與管理的過程之後，便可成為交易的商品。〔註126〕其目的是給予面臨瓦解的傳統文化引入現代的文化行銷方式，為傳統文化注入新的生命力。〔註127〕而「產業文化化（industrial culture）」是將現有的產業，加以文化的包裝，讓其產值增加。〔註128〕另言之，產業文

〔註123〕林明德，《大溪豆腐系列文化研究》，臺北：財團法人中華民俗藝術基金會，1997 年，頁 116〜117。

〔註124〕本研究於 2009 年 11 月 03 日，在黃日香本店，訪問黃日香第四代黃建泰所得。

〔註125〕吳密察，〈文化創意產業之規劃與推動〉，《研考雙月刊 24：7》，2003（8），頁 59。

〔註126〕馬群傑、汪明生，〈文化產業與多元群體參與臺南市的分析與比較〉，《中國地方自治 60：12》，2007（12），頁 18。

〔註127〕蘇明如，《解構文化產業》，高雄：春暉出版社，2004 年，頁 34。

〔註128〕馬群傑、汪明生，〈文化產業與多元群體參與臺南市的分析與比較〉，《中國地方自治 60：12》，2007（12），頁 18。

化化其努力的方向是積極發展臺灣地方特色產業，用文化厚植觀光資源，把文化放進產業裡面，讓它重新活過來，將民眾的習慣導向文化消費、文化觀光及文化時尚〔註129〕。

　　大溪地區的豆干產業充實文化內涵，早在江宗萬擔任臺灣省豆腐商業同業公會聯合會理事長時期便積極的投入豆腐、豆干產業的探源，前段已述。

　　在「文化產業化，產業文化化」政策提出後，該項政策目標成為「社區總體營造」的核心工作，大溪地區先後成立社造工作團體，如大嵙崁文教基金會、歷史街再造協會，培植人才，推動社造工作。此時大溪豆腐、豆干業者，也積極的參與社造工作，如黃日香豆干的第三代黃文彥，曾於2001年間擔任大溪歷史街坊再造協會理事，協助推動2001年大溪文化節的活動，當年活動主題「神恩、豆香、木器馨」，可看出豆腐、豆干是大溪重要且具有文化內涵的產業〔註130〕，而大溪地區的業者也積極的參與社造活動。期望透過社造活動，讓文化工作者與業者雙贏、兩者互蒙其利，社造工作成功的吸引觀光人潮，也讓豆干的市場維持於高點而不墜。

〔註129〕蘇明如，《解構文化產業》，高雄：春暉出版社，2004年，頁33。
〔註130〕劉清剽〈關於這次活動〉，收錄於黃淑芬，《2001年大溪文化節——神恩、豆香、木器馨——深度系列報導》，桃園：大溪鎮歷史街再造協會，2001年，總幹事序。

第三章　大溪豆干的源起及飲食上的運用

　　本研究主要的研究目的在探討大溪地區豆干的飲食文化，一地的飲食文化具有群體性，意即指該地區的飲食文化由該大多數居民所遵守與奉行，該地飲食文化的形成受歷史背景、地域因素所影響。因為地域獨特的自然條件、生產條件會形成不同的文化圈，尤其是古代中國，交通不便的情形下，更易形成。各地域所形成的文化具有世代傳承，不易變動的特性，其中的飲食文化也是如此。

　　在上章豆腐豆干業的發展介紹中可以發現大溪地區的豆腐、豆干業在民國 60 年以前便在北部地區已小有名氣，由此推論，大溪豆干業發展的重要利基除大溪水質優良及大溪地區清末至日治時期繁榮的發展提供一個支持豆腐豆干業維持下去的市場外，大溪豆腐與豆干的優良製作技術，讓大溪的豆腐、豆干業在內需市場消退下，依然可以向外發展，拓展銷售範圍。大溪地區何以具豆腐、豆干優良製作技術，本研究將探討是否與下列兩大因素有關：一是大溪地區的族群過去即是一群擅於製作豆腐、豆干的族群，優良的製作技術透過族群遷移而傳來，二是大溪地區，因為居民日常生活食用豆腐與豆干的飲食習慣，讓這項技術得已存續，而這樣的飲食習慣與應是世代間傳承而習得，換句話說，大溪豆干能流傳並聲名遠播，本章將探討，大溪地區的多數漢民的原鄉地區，是否擅於製作黃豆類製品且日常生活中已習於食用，黃豆的飲食文化是否是大溪地區多數漢民原鄉的重要飲食文化。

　　本章首先釐清大溪地區的族群特色，進而探討大溪的豆干製作技術及豆干在生活中的運用與原鄉地區的比較，以瞭解大溪豆干飲食文化在族群遷移中的傳承性與變異性。

第一節　大溪豆干與族群祖籍的關係

　　大溪地區早期開發時期，閩、粵、泉人皆有分佈，後因分類械鬥盛行時，粵人、泉人聯合對抗漳人，但還是以漳人較佔優勢，於是族群分佈的版圖發生了變化，大溪地區漸形成以漳人為主的地域社會。在日治時期昭和元年（1926 年）臺灣總督府官房調查課，進行「臺灣在籍漢民族貫別調查」。此次的調查結果大溪地區漢民的祖先籍貫以福建省佔 91.70%，其中原籍為漳州府的居民又佔總人口的 78.66%，有接近八成的比例為漳州府籍，顯示出大溪地區為祖籍漳州的漢人聚居之地〔註1〕。

　　本研究依據各聚落廟宇的祀神，如表 3－1，並參考李宗信的研究成果〔註2〕，繪製大溪地區漳、泉及粵籍裔漢民的分佈圖，如圖 3－1。

表 3－1　大溪各聚落廟宇及主祀神

序號	廟宇名稱	主祀神	所在區域
1	仁和宮	開漳聖王	埔頂地區
2	永昌宮	神農大帝	南興地區
3	蓮座山觀音寺	觀音佛祖	大溪街區下崁地區
4	福仁宮	開漳聖王	大溪街區
5	仁安宮	玄壇元帥	內柵地區
6	龍山寺	觀音佛祖	烏塗窟地區

〔註1〕臺灣總督府官房調查課，《臺灣在籍漢民族鄉貫別調查》，臺北：臺灣總督府官房課，1928 年，頁 6～7、12～15。

〔註2〕李宗信，〈大嵙崁溪中游漳州籍民優勢區域的形成〉，《臺灣文獻 62：2》，2011（6）：8～9。雖明治 34 年（1901）漢人祖籍別調查資料中顯示三層地區漳民及粵籍客家人各約佔 50%，但仍以粵籍客家人為多，但本研究推測隨東南丘陵的開發，吸引許多人口移入，而粵籍漢民所佔人口例降低，從聚落廟宇來看，其漳籍色彩頗重，故標示為漳州族群為優勢。

序號	廟宇名稱	主祀神	所在區域
7	永安宮	三官大帝	缺仔地區
8	福安宮	天上聖母	三層地區
9	福山巖	清水祖師	溪州地區
10	復興宮	開漳聖王	百吉地區

資料來源：本研究整理

在臺灣先民的開拓過程中，鄉土神的信仰反映了該地的族群特色，漳籍裔先民祀奉的鄉土神，當然以開漳聖王為代表，在上述表格中，埔頂地區，大溪街區以及大溪東南丘陵的百吉及三民地區，其聚落廟宇的主祀神是開漳聖王，可以推測上述地應以漳籍裔漢民為多。內柵地區、溪州、缺仔等地區，從其主要信仰不易看出其漢民的籍貫，但根據李宗信的研究顯示，上述地區仍以漳籍裔漢民為多〔註3〕。在三層地區，主要信仰為天上聖母，陪祀神為開漳聖王，可以看出在三層地區以漳州漢民為優勢，另東南丘陵區的三民、百吉等地，隨著山林資源的開發，吸引了許多漳籍漢民的入墾。另在烏塗窟地區其地方廟宇龍山寺，係由來此拓墾的泉籍裔漢民所建〔註4〕。另泉籍裔漢民優勢的地區尚有中庄地區〔註5〕。客籍裔漢民的分佈主要在大溪街區下崁的蓮座山觀音寺周圍，該地的客籍鍾、邱兩大姓在蓮座山觀音寺的歷史上佔有重要的地位，該寺在建廟之初也具有濃厚的客家色彩〔註6〕。另在南興地區的地方公廟永昌宮，客籍色彩濃厚，與龍潭龍元宮號為「兄弟廟」，永昌宮在清道光五年（1825年）的閩粵械鬥時，為客籍裔人士的基地，遭閩人報官燒毀，信徒緊將神像、香爐移往龍潭龍元宮〔註7〕，顯見南興地區粵人居主導地位。

〔註3〕李宗信，〈大料崁溪中游漳州籍民優勢區域的形成〉，《臺灣文獻62：2》，2011（6）：8～9。
〔註4〕王世駿，《大溪鎮誌文教篇》，桃園：大溪鎮公所，2003年，頁237。
〔註5〕李宗信，〈大料崁溪中游漳州籍民優勢區域的形成〉，《臺灣文獻62：2》，2011（6）：5。
〔註6〕王世駿，《大溪鎮誌文教篇》，桃園：大溪鎮公所，2003年，頁188。
〔註7〕王世駿，《大溪鎮誌文教篇》，桃園：大溪鎮公所，2003年，頁187。

圖 3－1　大溪漳籍、泉籍及粵籍漢民的分佈圖

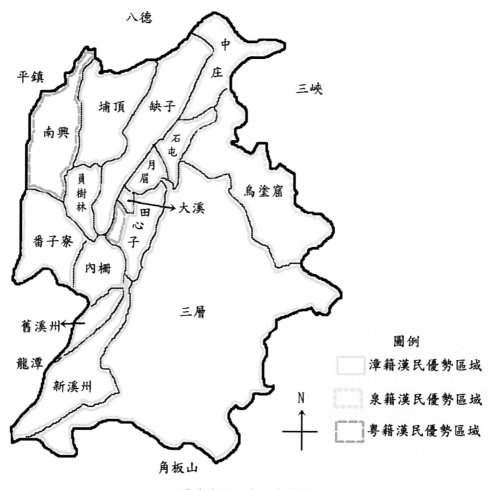

圖片來源：本研究繪製

　　在上述各籍漢民分佈地區的介紹中可以發現。漳籍裔漢民分佈最廣且佔有河運及入山的重要位置，如埔頂地區，接近內港道，在清康熙年間是重要的交通要道，大溪街區則為河運興盛期的港口，商業興盛，內柵、三層地區則為通往東南方丘陵的入口，在東南方丘陵開發時具有重要的交通條件。大溪地區漳籍裔漢民的區域分佈廣大，與日治時期昭和元年（1926年）「臺灣在籍漢民族貫別調查」相對照，確可顯現出大溪地區為漳州色彩鮮明的地區。

　　近來許多的研究顯示，在現今福建漳州市所轄的地區，有部份地區是屬

於客家族群的分佈地，如：南靖縣的書洋、梅林兩鎮屬漳州北部的客家人聚集地；詔安縣的秀篆、官陂、霞葛、紅星、太平；平和縣的秀峰、長樂、九峰、大溪；雲霄縣的下河、和平等鎮爲漳州南部的客家人分佈區，其中秀峰、長樂、秀篆、官陂、霞葛、紅星等鎮是純客家鄉鎮，南靖縣的客家人總數應有 10 萬人，整個漳州南部客家人，應有 35 萬人〔註8〕。

另根據吳中杰以語言學的研究方法再加上田野調查研究臺灣漳州客家分佈與文化特色，其結果指出，在北桃園地區的桃園、龜山、蘆竹、大園、八德、大溪等地，有不少人來自漳州客家地區，而這些族群正面臨母語流失的情形〔註9〕。

此點對於本研究有重要的提示，目前大溪地區的族群是以漳州地區的福佬居多還是漳州客家族群居多？不同的族群有著不同的文化，而此點須加以澄清。欲釐清此點，首先需找出大溪地區的重要姓氏與家族，再籍由族譜，理出各家族在大陸的原鄉及其遷移的路線，並對照目前語言學對於漳州客屬地區界定的研究成果，探索其族群屬性。

關於族譜的可信度，各學者有不同的看法〔註10〕，本研究認爲，族譜的運用雖需留意眞僞的問題，祖籍地及遷移路線上，應可大膽使用，「敬天法祖」是中國禮俗思想的核心，《禮記‧郊特牲第十一》：「萬物本乎天，人本乎祖，此所以配上帝也，郊之祭也，大報本反始也。」〔註11〕祭祖反始不忘祖，處處表現在中國人民日常的禮俗中，知其所來且傳給子孫，讓萬世子孫知其本，對中國人來說是非常重要，故在族譜的書寫上，源流的錯誤率自然較低。

〔註 8〕 謝重光，〈走出隱性的陰影：漳州客家人生存狀況調查〉，《嘉應學院學報 28：3》，2010（3），頁 5。

〔註 9〕 吳中杰，〈臺灣漳州客家分佈與文化特色（上）〉，《臺灣源流 21》，2001（3）：116～123，頁 117。

〔註 10〕陳世榮提到有有些族譜記錄不全或隱善揚惡，造成記載不實或有些族譜只有世系表，對於提供家族對於地方拓墾或開發的資訊，則相當有限；來臺祖來臺的時間或來臺後參與地方發展過程中有關時間的記錄有很多僞造的問題，見大溪鎮誌歷史篇，頁 187。然而羅香林在客家源流考中則提到：「人能靠歷代口頭的傳述，其子若孫，於前代源流世次，不致完全忘卻，宋明以來，修譜的風氣更盛，雖其所追記的事蹟，有掛漏的地方，然於其上世的遷移源流和背景，則還可藉此推證而知」。見羅香林，《客家源流考》，臺北：世界客屬第二次懇親大會備委員會，1973 年，頁 13。

〔註 11〕戴聖，《禮記‧郊特牲第十一》，臺北：藝文印書館，1965 年，頁 500。

　　另外各族譜對於來臺祖來臺的時間，記錄不翔實，本研究以為，就人的記憶來說，正確的記住來臺祖來臺的時間是不容易的，但以來臺傳世的代數，再乘上平均每代間隔的年數（以每代間隔 25 年來計算）來推估來臺祖來臺大約的時間，雖不夠精準，但也稍具參考價值。

一、大溪族群以福建客籍移民為多數

　　欲從族譜來探大溪地區族群的祖籍地，首先需掌握大溪地區人口的姓氏結構，根據民國四十五年的調查，大溪地區的各姓氏所佔的比例如下。

表 3－2　1956 年大溪鎮鎮民十大姓氏比例表

排名	一	二	三	四	五	六	七	八	九	十	
姓氏	黃	簡	李	林	陳	邱	江	張	呂	廖	合計
百分比	11.1	8.4	7.5	7.1	6.1	5.7	5.3	3.8	3.4	3.0	61.4

資料來源：潘英，《臺灣拓殖史及其族姓分布研究》上，臺北：自立晚報社，1992 年，頁 185。

　　由上表中可發現大溪地區，黃姓所佔的比例最高，依次為簡、李、林……等。而這十大姓，佔大溪地區總人口約 61.4。本表顯示出大溪各姓氏的比例結構，但如配合福仁宮的「十姓輪值制度」，更可看出各姓氏在地方的影響力。大溪福仁宮為大溪地區的地方公廟，其興建的歷史已於上章第二節敘述，係因械鬥而起，由大溪街區大姓所組成的十八份公倡議興建，故其地方公廟色彩濃厚。

　　所謂的「十姓輪值制度」應為大溪街區福仁宮的耆老倡議而產生，以姓氏為單位，共分十姓輪流擔任福仁宮開漳聖王聖誕慶典的爐主。而這十姓為李、江、林、簡、張廖、黃、呂、王游、陳及雜姓〔註12〕。此一制度產生後，為大溪各庄，如河西的埔頂廟、蕃子寮的瑞源宮所仿效，而三層地區的福安宮，內柵地區的仁安宮，亦有十姓輪值制度，唯其姓氏輪值順序略有不同，大溪福仁宮「十姓輪值制度」，今製表如下：

〔註12〕福仁宮管理委員會，《大溪福仁宮沿革簡介》，桃園：福仁宮管理委員會，2002
　　　年，頁 3。

表3−3　大溪福仁宮十姓輪值表

福仁宮	一	二	三	四	五	六	七	八	九	十
	李	江	林	簡	張廖	黃	呂	王游	陳	雜姓

資料來源：福仁宮管理委員會，《大溪福仁宮沿革簡介》，桃園：福仁宮管理委員會，
　　　2002年，頁3。

　　以福仁宮的十姓輪值制度與1956年的姓氏比例調查結果來看，大溪人數
較多的姓氏與福仁宮輪值的十姓較相近，唯有人口數排名第六名的邱姓和第
八名的張姓屬雜姓，反映出大溪這十姓在地方上有其一定的影響力。

　　掌握大溪地區重要姓氏後，本研究逐步蒐集大溪地區各姓氏家族族譜，
今以福仁宮十姓輪值的順序，整理介紹目前掌握的大溪各姓氏家族的原籍，
如下表：

表3−4　大溪各氏家族群福建祖籍表

姓氏別	派　別	移居大溪年代	原　籍
李姓	李善明派下	清乾隆二十七年至五十四年間〔註13〕（1762～1789年）	福建省漳州府詔安縣二都秀篆（1）
	李炳文派下	約清嘉慶至道光年間〔註14〕	福建省漳州府南靖縣永豐里（2）
江姓	江士香、江士根派下	乾隆二十二年（1757年）	福建省漳州府平和縣大溪鎮（3）
	江順元派下	不詳	福建省漳州府平和縣（4）
林姓	林心果派下	清乾隆二十年（1755年）	福建省漳州府詔安縣二都南陂樓（5）
	林邦興派下	約清嘉慶九年（1804年）	福建省漳州府龍溪縣二十九都（6）

〔註13〕陳世榮，〈近代大料崁的菁英家族與地方公廟：以李家與福仁宮為中心〉，《民
　　　俗曲藝138》2002（12），頁250。
〔註14〕十五世李文炳於清乾隆四十五年（1780年），移霄裡山下開墾，傳二世，李元
　　　泰、李元川、李元州移至大溪內柵傳世，故推測約於清嘉慶至道光年間移入
　　　大溪。見李嗣璁，《大溪李氏族譜》，複製自美國猶他家譜學會臺灣家譜微縮
　　　資料，國圖登錄號：m00512632−10，無頁碼。

姓氏別	派　別	移居大溪年代	原　　籍
林姓	林絨派下	清光緒年間	福建省漳州府龍溪縣五都〔註15〕（7）
簡姓	簡然吉派下	清乾隆二十一年（1736年）	福建省漳州府南靖縣崁下房（8）
	簡斯苞派下	乾隆中葉〔註16〕	福建省漳州府南靖縣永豐里（9）
	簡德仁派下	不詳，但本研究推測清光緒年間，即已在大溪地區傳衍〔註17〕。	福建省漳州府南靖縣永豐里三團社長教（10）
廖姓	廖三九郎派下	派別眾多，入墾大溪時間不詳〔註18〕	福建省漳州府詔安縣官陂（11）
黃姓	黃純篤派下	清乾隆四十八年（1783年）	福建省漳州府漳浦縣溪仔寺洞堡八都（12）
	黃翠生派下	不詳	建省漳州府詔安縣二都秀篆（13）
	派別不詳只知南興黃家	清乾隆中葉以前來臺〔註19〕	福建省漳州府詔安縣二都秀篆（14）

〔註15〕 本研究於2009年11月6日在大溪鎮民權東路玉玄宮訪問林國民先生所得。

〔註16〕 洪敏麟，《臺灣舊地名之沿革第二冊上》，臺中：臺灣省文獻委員會，1983年，頁91。

〔註17〕 簡德仁派下第十五世祖新妹公字立標，卒于光緒戊子年，葬在大料崁尾寮仔埔塚地，故至少在清光緒年間於大溪傳世。見無著者，《范陽簡氏洪源族譜》，複製自美國猶他家譜學會臺灣家譜微縮資料，國圖登錄號：m00512528－08，無頁碼。

〔註18〕 大溪張廖姓派別眾多，計有：廖混君、廖滯、廖輝肆、廖運及廖國藹、廖國赫、廖天調、廖朝晚等派別，本研究於於99年4月29日下午2時採訪大溪殯葬業者簡進祿先生得知，大溪多數廖姓為「生廖死張」之張廖姓。有關張廖姓之源由為詔安縣官陂廖三九郎，單生一女，贅張愿仔為婿，時約明洪武年間。張愿仔贅後生一子，但張愿仔早逝，由廖氏撫育，廖氏晚年告其子孫，在鄉者生時姓廖、死後歸張，在外地者，姓廖、姓張，自行定奪。

〔註19〕 知十三世祖妣游氏葬在新竹州大溪郡大溪街南興庄廣福面前埔。而十五世祖地生於清乾隆四十年乙未（1775年）。推測應於清乾隆中葉以前來臺。見無著者，《黃氏族祖譜》，複製自美國猶他家譜學會臺灣家譜微縮資料，國圖登錄號：m00512426－02。

姓氏別	派　別	移居大溪年代	原　籍
黃姓	黃龍安派下	清同治七年（1868 年）〔註20〕	福建泉州晉江縣十都東石鄉（15）
	黃徐派下	清道光二十七年（1847 年）	福建省漳州府漳浦縣（16）
	黃屋派下	清光緒年間	福建省漳州府（17）
呂姓	呂銘堂派下	約民國初年遷大溪田心子	福建省漳州府詔安縣二都秀篆（18）
	呂拔財派下	不詳	建省漳州府詔安縣二都秀篆（19）
	呂祥仰派下	約在清乾隆初年〔註21〕	福建省漳州府詔安縣二都秀篆（20）
	呂映日派下	不詳	福建省漳州府詔安縣二都秀篆（21）
王游	游文極派下	清乾隆中葉	福建省漳州府詔安縣二都秀篆（22）
陳姓	陳蓮青派下	不詳	廣東省嘉應州長樂縣（23）
	陳茂山派下	清末至日治初期	福建省漳州府平和縣（24）
	陳朝枝派下	清光緒十四年（1888 年）	福建省泉州府惠安縣（25）
邱姓	邱伯順派下	不詳	福建省漳州府詔安縣二都秀篆（26）

資料來源：本表由本研究整理製作，上表原籍括弧內數字爲資料來源項次。

1、不著撰者，《李火德公派下族譜》，複製自美國猶他家譜學會臺灣家譜微縮資料，國圖登錄號：m00512631－02，無頁碼。

2、李嗣璁，《大溪李氏族譜》，複製自美國猶他家譜學會臺灣家譜微縮資料，國圖登錄號：m00512632－10，無頁碼。

3、江橙基，《臺灣省桃園縣大溪鎮江有源、江源記公號開台族譜》，無出版資料，頁52。

4、王世駿，《大溪鎮誌文教篇》，桃園：大溪鎮公所，2003 年，頁 237。

5、林先立，《林氏九牧衍派原隆公支系臺灣家譜》，無出版資料，由林后駿老師提供，頁系 1。

〔註20〕黃師樵，〈黃姓派系分支遷臺考〉，《臺灣文獻20：4》，1969（12），頁113。

〔註21〕呂祥仰約在乾隆初年渡臺，後呂祥仰子呂蕃錠北上喬遷海山堡內柵，故推測約於乾清乾隆初期至中葉移入大溪。見呂良任，《四岳惟嵩（鎮生公派下呂氏族譜）》，複製自美國猶他家譜學會臺灣家譜微縮資料，國圖登錄號：m00513049－24。

6、林孔著，《南平林氏族譜》，複製自美國猶他家譜學會臺灣家譜微縮資料，國圖登錄號：m00513016－10，無頁碼。

7、本研究於 2009 年 11 月 6 日在大溪鎮民權東路玉玄宮訪問林國民先生所得。

8、不著撰者，《簡氏家譜》，複製自美國猶他家譜學會臺灣家譜微縮資料，國圖登錄號：m00512632－10，無頁碼。

9、不著撰者，《簡氏家譜序》，複製自美國猶他家譜學會臺灣家譜微縮資料，國圖登錄號：m00512628－16，無頁碼。

10、不著撰者，《范陽簡氏洪源族譜》，複製自美國猶他家譜學會臺灣家譜微縮資料，國圖登錄號：m00512528－08，無頁碼。

11、廖丑，《臺灣省廖氏大族譜》，雲林：廖丑，1999 年，頁 424～438。

12、黃德輝，《黃氏族譜》，複製自美國猶他家譜學會臺灣家譜微縮資料，國圖登錄號：m00512631－09，無頁碼。

13、黃火，《黃氏族譜》，複製自美國猶他家譜學會臺灣家譜微縮資料，國圖登錄號：m00512228－13，無頁碼。

14、不著撰者，《黃氏族祖譜》，複製自美國猶他家譜學會臺灣家譜微縮資料，國圖登錄號：m00512426－02。

15、黃石鼎，《黃氏大宗族譜》，無出版資料，由黃芳孿老師提供，無頁碼。

16、王世駿，《大溪鎮誌文教篇》，桃園：大溪鎮公所，2003 年，頁 310。

17、王世駿，《大溪鎮誌文教篇》，桃園：大溪鎮公所，2003 年，頁 264。

18、呂徵，《玉龍公派下呂氏族譜》，複製自美國猶他家譜學會臺灣家譜微縮資料，國圖登錄號：m00512476－04，無頁碼。

19、呂芳達，《福建詔安呂拔財遷台呂氏族譜》，複製自美國猶他家譜學會臺灣家譜微縮資料，國圖登錄號：m00512548－04，無頁碼。

20、呂良任，《四岳惟嵩（鎮生公派下呂氏族譜）》，複製自美國猶他家譜學會臺灣家譜微縮資料，國圖登錄號：m00513049－24，頁 55。

21、不著撰者，《呂祥荊派下十房公呂彰颺公系統表》，未出版，由呂淳羚老師提供，無頁碼。

22、游禮慶，《十世祖文極公傳下游氏族譜全集》，無出版資料，游美淑老師提供，頁 4。

23、陳樑中續修，《潁川歷代族譜》，複製自美國猶他家譜學會臺灣家譜微縮資料，國圖登錄號：m00512534－02，無頁碼。

24、陳崑龍，《陳氏家譜》，複製自美國猶他家譜學會臺灣家譜微縮資料，國圖登錄號：m00512631－21，無頁碼。

25、王世駿，《大溪鎮誌文教篇》，桃園：大溪鎮公所，2003 年，頁 287。

26、游有財，《丘邱氏族譜》，臺中市：創譯出版社，1965 年，頁序 2、昭 1、公 7、
　　說 1、說 11。

　　大溪地區的漳籍人士，祖籍源自於詔安縣者有李善明派下、林心果派下、
張廖姓、南興黃姓、絕大部份的呂姓、王游姓、邱姓等，數量可謂龐大，來
自平和大溪的有江士香、江士根派下，來自南靖地區的有張簡姓派下、李文
炳派下，簡姓祖祠所在為今南靖縣梅林鎮〔註 22〕，而李姓的祖祠在南靖縣書
洋鎮。而這些大家族有一特性，他們渡臺墾植於大溪的時間大約為清乾隆年
間，呂氏家族雖無記載何時來到大嵙崁，但可以昭穆序法推測，其來臺祖多
為十世至十三世，而目前年輕的輩份來二十世，可推測呂姓來臺後已傳八世
左右，以每一世代相隔 25 年來記算，其來臺時間應在嘉慶初年以前，而且因
其較早來臺，所傳子孫人數應是比後期來到大嵙崁者的子孫人數多，另邱姓
亦是如此，就本研究目前掌握的族譜，無法看出來到大溪的時間，但以邱姓
在大溪的人數比例高，在西元 1956 年的大溪人口調查中，邱姓人口佔大溪人
口的 5.6%，且邱姓的昭穆序法為「文章華國、詩禮傳家、創垂顯奕、繼述藏
嘉……」〔註 23〕，大溪的邱姓多按此昭穆排列，可以推測出大溪的邱姓多來
自於廣東饒平及福建漳州府詔安縣二都秀篆，且以詔安二都秀篆為多。邱姓
人口數頗高，故其祖來到大溪的時間，也應屬早期。

　　據莊初升、嚴修鴻及吳中杰研究指出目前漳州地區還說客語或閩客雙語
的地點，包含南靖縣的梅林、書洋，平和縣的長樂、崎嶺、九峰、國強、大
溪，雲霄縣的上河、和平、常山，詔安縣的秀篆、官陂、霞葛、金溪（今名
紅星）、太平。另平和縣的秀峰、蘆溪、安厚、南靖縣的龜洋、船場、金山等
地也有部份客語人口〔註 24〕。以此資料比對於上述家族姓氏，很明顯的發現，
上列所舉的重要家族姓氏，多來自於詔安縣的秀篆、官陂；平和縣的大溪鎮，
南靖縣的梅林、書洋等地。可以推測上述早期來大嵙崁的這些家族，應為漳
州客語族群，李善明派下子孫至今祭祖仍使用詔安話，江士香、江士根派下
子孫返回原鄉尋親，發現當地的江姓子民仍在使用詔安話溝通。張廖姓子孫

〔註 22〕周躍紅，《臺灣人的漳州祖祠》，中國廈門：國際華文出版社，2002 年，頁 302。
〔註 23〕游有財，《岳邱氏族譜》，臺中市：創譯出版社，1965 年，頁序 2、昭 1、公 7、
　　　　說 1、說 11。
〔註 24〕吳中杰，〈臺灣漳州客家分佈與文化特色（上）〉，《臺灣源流 21》，2001（3），
　　　　頁 116；莊初升、嚴修鴻，〈漳屬四縣閩南話與客家話的雙方言區〉，《福建師
　　　　範大學學報哲學社會科學版 1994 年第 3 期》，1994（3），頁 81～82。

廖明進先生，回憶小時曾聽祖父母說詔安話〔註 25〕。本研究於 101 年 7 月實地走訪上述地區，發現詔安縣秀篆鎮、官陂鎮、霞葛鎮，至今仍全鎮通用客語，並認同自己爲客家人。南靖地區的梅林及書洋，雖通行閩南語，且認同自身爲閩南人，但從其祖譜來看其爲客家族群應屬無誤。

圖 3－2　大溪漳州客家族群原籍分佈圖

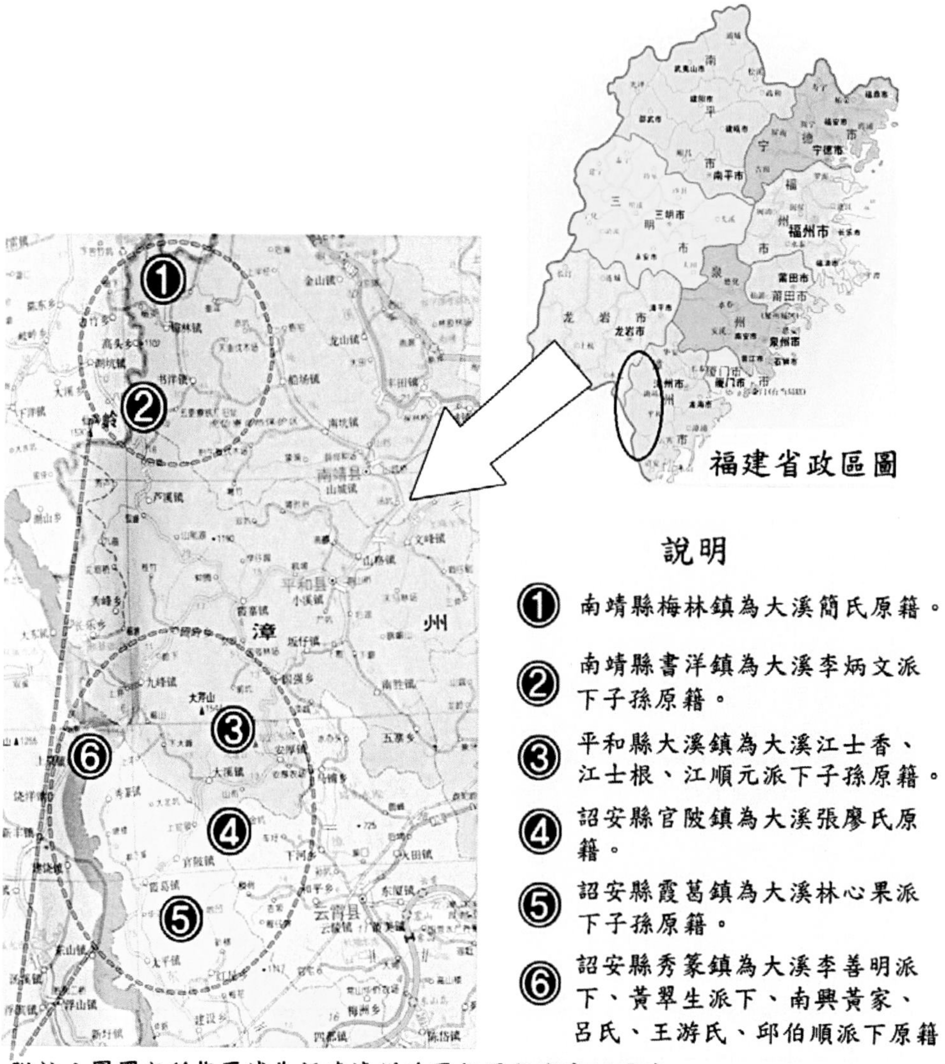
福建省政區圖
南靖县
平和县
漳
州
云霄县
說明
① 南靖縣梅林鎮為大溪簡氏原籍。
② 南靖縣書洋鎮為大溪李炳文派下子孫原籍。
③ 平和縣大溪鎮為大溪江士香、江士根、江順元派下子孫原籍。
④ 詔安縣官陂鎮為大溪張廖氏原籍。
⑤ 詔安縣霞葛鎮為大溪林心果派下子孫原籍。
⑥ 詔安縣秀篆鎮為大溪李善明派下、黃翠生派下、南興黃家、呂氏、王游氏、邱伯順派下原籍

附註：圓圈內所指區域為福建漳州地區仍通行客家話區域

圖片來源：本研究繪製

〔註 25〕本研究於 100 年 1 月 23 日上午九時在大溪鎮廖明進校長自宅訪問所得。

　　另大溪地區來自非客家人士聚居地，如龍溪縣的家族有林緘派下孫，清光緒年間來到大料崁，現居於街區，林邦興派下子孫，現居於三層地區的頭寮，約在清嘉慶末年時來臺，和來自漳浦縣的黃徐派下子孫，清道光年間渡臺。這些家族來臺時間較晚，在繁衍人數與較早由詔安、平和及南靖地區來的家族，自是相對較少。

　　上段透過族譜研究，配合語言學的研究成果及本研究實際走訪，發現大溪各大姓的家族，多來自於漳州府的客家族群聚居地，以下繼續由族譜的探究，理出各姓家族來閩的遷移路線，今整理如下表：

表3－5　大溪各姓家族遷移表

姓氏別	派別	入閩年代	入閩後遷移途徑
李氏	李善明派下	宋元之際	寧化石壁——上杭——平和——南靖——晉江——詔安——臺灣（1）
	李炳文派下		寧化石壁——上杭——平和——南靖——臺灣（2）
江氏	江士香江士根派下	宋末帝昺祥興元年春（1278年）	寧化石壁——上杭——永定——平和——臺灣（3）〔註26〕
林氏	林心果派下	晉永嘉之初	林祿入閩後裔遷寧化石壁——漳州府二都林婆社（今霞葛鎮）——臺灣（4）
	林邦興派下	唐朝	隨陳元光開閩——南平——漳州府龍溪縣（5）
簡氏	簡然吉派下	宋仁宗二十年（1081年）	寧化石壁——劍南州——上杭——南靖永豐——臺灣（6）
	簡斯苞派下		
	簡德仁派下		
廖氏	廖三九郎派下	宋高宗建炎四年（1130年）	寧化龍上——詔安縣官陂——臺灣（7）
呂氏	呂銘堂派下		
呂氏	呂拔財派下	宋高宗建炎年間	寧化石壁——詔安——臺灣（8）
	呂祥仰派下		
	呂映日派下		

〔註26〕江順元派下子孫同江士香、江士根源流。

姓氏別	派別	入閩年代	入閩後遷移途徑
王游	游文極派下	不詳	寧化——福建省漳州府二都秀篆——臺灣（9）
陳氏	陳茂山派下	不詳	入閩後由永定縣石壁鄉——漳州府平和縣——臺灣（10）
邱氏	邱伯順派下	東晉五胡亂華	入閩後遷福建興化府蒲田縣——廣東饒平——福建詔安秀篆——臺灣（11）

附註：上表遷移路線欄括弧內數字為資料來源項次。

資料來源：

1、不著撰者，《李火德公派下族譜》，複製自美國猶他家譜學會臺灣家譜微縮資料，國圖登錄號：m00512631－02，無頁碼。

2、李嗣璁，《大溪李氏族譜》，複製自美國猶他家譜學會臺灣家譜微縮資料，國圖登錄號：m00512632－10，無頁碼。

3、江橙基，《臺灣省桃園縣大溪鎮江有源、江源記公號開台族譜》，無出版資料，頁52。

4、林先立，《林氏九牧衍派原隆公支系臺灣家譜》，無出版資料，頁176。

5、林孔著，《南平林氏族譜》，複製自美國猶他家譜學會臺灣家譜微縮資料，國圖登錄號：m00513016－10，無頁碼。

6、不著撰者，《簡氏家譜》，複製自美國猶他家譜學會臺灣家譜微縮資料，國圖登錄號：m00512632－10，無頁碼。

7、廖丑，《臺灣省廖氏大族譜》，雲林：廖丑，1999年，頁85～86。

8、呂徵，《玉龍公派下呂氏族譜》，複製自美國猶他家譜學會臺灣家譜微縮資料，國圖登錄號：m00512476－04，無頁碼。

9、游禮慶，《十世祖文極公傳下游氏族譜全集》，無出版資料，游美淑老師提供，序言、頁5。

10、陳崑龍，《陳氏家譜》，複製自美國猶他家譜學會臺灣家譜微縮資料，國圖登錄號：m00512631－21，無頁碼。

11、游有財，《丘邱氏族譜》，臺中市：創譯出版社，1965年，頁序2、昭1、公7、說1、說11。

　　來自漳州龍溪、漳浦地區的家族，受制於族譜資訊不足，無清瞭解其家族遷移的路線，另陳茂青派下的陳氏子孫，入閩後由永定縣石壁鄉遷至漳州

府平和縣，然本研究尚未找出永定縣石壁鄉。但來自漳州詔安、平和、南靖等，屬漳州客籍人士的家族，其遷移路線，多由中原黃淮平原地區，遷至閩西汀州府的寧化石壁、再至上杭、永定，一路轉向東至南靖縣，如來自南靖的張簡姓一派，另一路繼續向南至詔安官陂、秀篆，平和大溪等，如李善明派下、江氏、張廖氏、呂氏、王游氏等各族等。另林心果一派在南晉即入閩，推測經由浙江、福建沿海一帶入閩，輾轉遷至寧化石壁，再尋相同路線，遷至詔安縣二都林婆社（今詔安縣霞葛鎮）。邱姓則在入閩後居蒲田，展轉入廣東饒平再遷詔安二都秀篆。經由這遷移路線，不難看出，大溪各姓氏家族入閩的遷移路線，多由閩西的寧化石壁入閩，再遷上杭，而至閩南漳州的南靖、詔安二都等地，如圖3－3。

圖3－3　大溪漳州客家族群遷徙路線

圖片來源：本研究繪製

　　綜合以上所述，在清乾隆年間入大溪的各姓家族，應為較早來到大溪的族群，而這些早期來到大溪的各姓家族，大部份屬於漳州地區的客家籍漢民，他們多由閩西汀州的寧化入閩，輾轉經由汀州上杭，再遷徙至漳州南靖縣書洋鎮、梅林鎮地區及平和縣大溪鎮、詔安縣秀篆鎮、霞葛鎮及官陂鎮等地。以下本研究選定以福建漳州詔安及南靖原鄉以及汀州地區做為實地田野調查區域，考查當地豆干的製作技術及其日常生活中的應用，做為大溪豆干飲食文化的參考對象。

二、豆類製品在福建原鄉的重要性

　　上段說明已漸釐清早期入墾大溪的族群以漳州客家族群為多數，而這些漳州客家族群多由閩西汀州地區展轉而來，以下就福建原鄉地區的地理特色，進而闡述豆干對福建原鄉地區飲食的重要性。

　　而本研究實地走訪此福建原鄉地區，發現在漳州原鄉的南靖縣書洋及梅林兩鎮居民大多是操閩南語居多，僅有少數自然村仍舊操客語，分佈於此二鎮的偏僻山區，如上版寮、下版寮、塔下、曲江、石橋，文峰、南甌等自然村〔註 27〕。而與大溪內柵李姓家族及簡姓家族同宗的書洋油杭李家及梅林鎮長教簡家多操閩南語，而其本身也認同自身為閩南人，就兩家族譜來看，其祖先來自於汀州地區客家族應屬無誤，本研究推測因此地位於閩客交界地區，部份客家族群為融入較為優勢的閩南族群，而漸改用閩南語，並逐漸認同為閩南族群。而此二地市集所出現的豆製品以豆腐居多，本研究未發現豆干。過去在祭祀時也會以豆干做為祭祀的三牲之一，唯多屬客家族群奉行〔註 28〕，豆干在此二地較不風行。

　　而漳州的詔安縣秀篆鎮、霞葛鎮、官陂鎮及平和縣大溪鎮仍為純的客家鄉鎮，多使用客語溝通，雖通閩南語，但其自身亦認同自己為客家人，在豆干的食用上較為普遍，故以下論及漳州原鄉時以漳州詔安的秀篆、官陂、霞葛以及平和的大溪為代表。

〔註27〕 本研究於 101 年 7 月 15 日於福建南靖縣書洋鎮書洋村採訪蕭紅柑、蕭慶壽所得。

〔註28〕 本研究於 101 年 7 月 15 日於福建南靖縣書洋鎮書洋村採訪蕭水勇所得。

（一）福建原鄉的地理環境特色

在漳州原鄉地區的秀篆鎮、霞葛鎮、官陂鎮位於詔安縣北部，大溪鎮位於平和縣南部，屬於詔安縣及平和縣交界，東接廣東省饒平縣。在地形上，多屬丘陵及山地地形，海拔在 200 公尺至 500 公尺者爲多〔註29〕。氣候上 500 公尺以上的山地，爲溫暖多雨的氣候，丘陵及河谷地區則屬溫熱適雨的氣候，年均溫在 19～21℃，無霜期多達 330 天以上，年降雨量在 1600～1900 公釐左右，農作物一年三熟，適合種植多種果樹〔註30〕，也適宜種茶，本區屬內陸地區距海尚有 50 公里遠，適合農業發展。

而汀州位於福建西部，閩粵贛三省交界地區，是傳統客家聚居區，唐開元二十四年（西元 736 年）置汀州，下轄八縣，首府長汀、寧化、上杭、武平、清流、連城、歸化（今明溪縣）、永定等。漢末至東晉，社會動盪不安，已有中原氏族南遷至汀州地區，隨即唐末五代、宋元之間，時局又復不安，中原族群大舉南遷，汀州人口規模急劇擴大〔註31〕。

何以在時局動盪之際，大量中原氏族南遷至汀州地區，主要有以下三項地理條件優勢：

1、汀州地區地理環境封閉，以武夷山和江西省隔絕，僅有少數天然谷道可供通行，具有屏蔽的效果，以避動亂。

2、汀州地區有豐富的耕地資源，土地肥沃，氣候溫暖溼潤，夏長不酷熱，冬短又不嚴寒，十分適合農作物生長。在唐代以前已有種植水稻，後又陸續引進大豆、蔬菜、水果、大小麥、甘薯、玉米、高梁、油菜、聯生、藍靛、煙葉和茶葉的經濟作物。也因如此極佳的環境條件，爲汀州地區的農業發展，奠定了基礎的條件。

3、汀州擁有豐沛的水資源及發達的水上運輸，汀江素有客家的母親河美稱，爲當地的生活提供了豐沛的水源。也因汀江流經，使得汀州的貨物，如大米、黃豆、竹、木材、紙等可運送至廣東，而廣東的海鹽等也可運送至汀

〔註29〕詔安縣地方志編纂委員會，《詔安縣志》，北京市：方志出版社，1999 年，頁
　　　　80。

〔註30〕詔安縣地方志編纂委員會，《詔安縣志》，北京市：方志出版社，1999 年，頁
　　　　86～87。

〔註31〕李文生，〈汀州在客家文明中的地位與作用〉，《客家首府汀州與客家文明研討
　　　　會論文集》，（廈門大學客家研究中心），2011 年，頁 77～85。

州，有汀江發達的水運，不僅滿足了生活物資的需求，也促進了汀州地區的商業發展〔註32〕。

汀州地區因上述原因，逐漸發展爲閩西重要人口聚居地，也因其氣候適宜，耕地多，因此農業興盛，又因周圍多低矮丘陵，林業及造紙興盛。當其人口漸增，順汀江而下移居梅州及潮州地區或沿東方天然河谷通道向，向外拓殖至永定縣、南靖縣周圍山區及閩南漳州詔安縣、平和縣的山區。上述地區地理環境與汀州地區約略相似，同樣以農業爲其主要的產業，且在詔安及平和的原鄉地區和汀州在地形上也以丘陵地形居多，林業資源頗豐，在漳州平和縣大溪鎮本研究訪問的對象江木清先生，和臺灣桃園縣大溪的江士香、江士根家族同宗，其本身是從事木材加工業，由此可看出當地仍有林業資源，或是過去即有林業的發展，而當地的林業發展延續至今。

在漳州及汀州原鄉的客家族群居住地區雖說山嶺甚多，但其間所藏的野獸數量並不多，故客家地區可供日常食用的肉類，大抵上以家畜爲多，豬、雞、鴨爲主。魚類資源雖有普通人家以人工掘池畜養，但總的來說，還是不若濱海地區豐富〔註33〕。雖說漳州及汀州原鄉的主要食用的肉類爲家禽及畜養的淡水魚，來源雖不致短缺，福建原鄉的客家人一般日常飲食都相當的儉樸，主餐爲米食。番薯、芋頭是主要雜糧，家常菜則多爲菜乾、鹹菜乾、蘿蔔乾等，配以時令青菜，食用豬肉的機會很少。因此更顯現豆類製品在福建原鄉地區日常飲食的重要〔註34〕。

（二）豆類製品可補充日常生活所需的蛋白質

豆腐的營養價值高，經實驗證明：每百公克的豆腐含蛋白質 7.4 公克，脂肪 3.5 公克，碳水化合物 3 公克，熱是 70 大卡，鈣 277 毫克，磷 57 公克，鐵 2.1 毫克，另含有大量的維生素 B2 和尼克酸等。黃豆的蛋白質含量近 40%，比任何一種穀物的蛋白質含量都高，僅低於雞蛋、牛肉與魚、豬肉、牛奶等相上下。此外，人體對煮熟的整粒大豆消化率爲 65%，製成豆漿後，可達 85

〔註32〕郭曉紅，〈上杭縣客家民系的形成與發展〉，《龍岩學院學報，24：5》，2006年，頁75～77。

〔註33〕羅香林，《客家源流考》臺北：世界客屬總會秘書處，1985年，頁55。

〔註34〕楊彥杰，〈客家菜與客家飲食文化〉，《第六屆中國飲食文化學術研討會論文集》，臺北：財團法人中國飲食文化基金會，2000年，379頁。

％，豆腐的蛋白質發生變異性的凝固，其消化率可達 92％～98％〔註35〕。

　　江蘇有句俗諺：「吃肉不如吃豆腐，又省錢又滋補」〔註36〕，反應了黃豆製品的營價值，重要的是豆腐含有如此多的營養，但其價格和肉類食品相較，是便宜許多。

　　《隨息居飲食譜》中也提到豆腐製品對人體健康的功效：

> 豆腐一名菽乳，甘涼清熱，潤燥生津，解毒補中，寬腸降濁，處處
> 能造，貧富攸宜……以青黃大豆，清泉細磨，生榨取漿，入鍋點成
> 後，嫩而活者勝，其漿煮熟未點者為腐漿，清肺補骨，潤燥化痰。
> 漿面凝結之衣，揭起晾乾為腐皮，充饑入饌，最宜老人。點成不壓，
> 則尤嫩，為腐花，亦日腐腦。榨乾所造者有千層，亦名百頁，有腐
> 乾，皆為常餚，可葷可素……由腐乾而再造為腐乳，陳久愈佳，最
> 宜病人，其用皂礬者名青腐乳，亦日臭腐乳，疳膨黃病便瀉者宜之。
> 〔註37〕

在上述說明中，可看出豆腐製品性涼，可潤燥、清肺、化痰、補骨，適宜老人、病人，而且處處能造，價格宜人。也因此豆腐製品常見於平民大眾的飲食中。故日：「皆為常餚，可葷可素」。

　　豆類製品具有上述的營養及保健功效，對於漳州及汀州原鄉地區民眾日常生活飲食有極大的助益，也因此豆腐及豆干被普遍的食用。

三、豆干是大溪族群的原鄉符號

　　大溪地區的開發，大約是在清初雍正至乾隆年間開始，在乾隆初期至中葉，為漢人大量入墾期，前章第一節已述。何以來墾的族群，選定大溪地區為他們的新家園？本研究認為有消極方面的原因，如近海地區已被其他族群所佔據；交通因素，如本區為當時南北往來的內港道通過，交通易達性提升。除上述原因外，當有一重要的原因是本地與其原鄉環境相似，而他們所擁有的生活技能，能快速地幫助他們適應本區的環境。

〔註35〕譚獻民、王軍，〈湖湘文化、火宮殿臭豆腐、豆腐文化〉，《廣西社會主義學院
　　　　學報 21：1》，廣西：廣西社會主義學院學報編輯部，2010 年 2 月，頁 77～78。
〔註36〕林海音，〈豆腐頌〉，收錄於林海音主編《中國豆腐》，臺北：大地出版社出版，
　　　　2009 年，頁 16。
〔註37〕王世雄，《隨息居飲食譜》，江蘇：江蘇科學技術出版社，1983 年，頁 63～64。

　　就自然環境來看，大溪開墾的順序是由河西地區漸往河東地區開墾，再往東南丘陵地區開發。大溪開墾初期，河西地區屬古石門沖積扇，地勢平緩向西部傾降。坡度不大，可視為一平緩埔地，故河西地區，有一區域古名即為「埔頂」，其意為此沖積扇之頂端。河西地區為一適宜農業發展，但有水源不足的問題。故待霄里大圳在清乾隆六年（1741 年）開鑿完成後〔註 38〕，本地開墾的動能便加大了起來，故此地成為吸引農業族群的新天地，如清乾隆廿二年（1757 年）入墾大溪的江士香派下子孫，公號江有源，在清乾隆末年為漢佃首，管理霄裡社在大料崁河東埔地〔註 39〕。

　　另大溪地區的五穀先帝（即神農氏）信仰，相當的普及，南興地區永昌宮主祀神神農大帝，三層福安宮五穀先帝屬陪祀神的地位，大溪月眉地區重要社頭（即神明會）農作團、農友團及三層福安地區福安社等主祀神為五穀先帝。大溪地區的農作團由大溪望族江姓、李姓召集設立，主祀之五穀先帝，係由大陸原鄉帶來，供奉於月眉江厝江序「ㄆㄧㄠ」（本研究依江氏族譜，推測應為「標」，為江排呈派下，十九世江序標），對照於漳州原鄉也是一重農的族群，五穀先帝信仰也相當的普及。

圖 3－4　臺灣桃園縣大溪鎮農作團五穀先帝信仰

圖片說明：此三尊神相為大溪社頭農作團所祀奉之五穀先帝。

圖片來源：筆者自攝，2010.6.8，於桃園縣大溪鎮下田心活動中心。

〔註 38〕鄭用錫，《淡水廳志稿》，南投：臺灣省文獻委員會，1998 年，頁 26。
〔註 39〕陳世榮，《大溪鎮誌歷史篇》，桃園：大溪鎮公所，2003 年，頁 171。

圖 3－5　福建詔安縣霞葛鎮五通村五穀先帝信仰

圖片說明：詔安縣霞葛鎮五通村五通廟建於明永樂年間，主祀神爲五顯大帝，五穀先
　　　　　帝安座於此廟虎邊，圖中右側神尊爲五穀先帝。

圖片來源：筆者自攝，2012.7.14，於福建詔安縣霞葛鎮五通村五通廟。

　　清乾隆年間大溪還有一重要的地理資源，與福建原鄉相近，因而吸引漳
州客籍族群前來入墾。樟樹當時應普遍分佈於大溪地區，樟樹是熱帶樹木，
臺灣自平地至海拔 1800 公尺高處，皆有樟樹生長〔註40〕。其分佈雖遍及臺灣，
但以中北部居多，向南漸少，北緯 22 度以南者，鮮有經濟價值，清康熙五十
六年（1717 年）《諸羅縣志》：「北路樟甚多，但少製煉者」〔註41〕。清初，砍
下樟樹闢爲農地爲當初普遍的景觀。而入墾大溪的漳州客家族群，其汀州原
鄉及漳州原鄉爲丘陵地區，森林資源，自古即有，此族群原本就擅於伐木。
故對於此地的開墾，對他們來說，是較爲容易的事。

　　大溪地區距海 50 公里以上，距海較遠無新鮮的魚類資源可供利用，再加
上本地宜農宜木的開發，體力的耗費大，而豆腐、豆干這類可提供優質蛋白
質的食物，依然是此族群日常生活極度仰賴的食物。入墾大溪的族群本是擅
於製作豆腐、豆干的族群，再加上黃豆供給有穩定的來源（將在第三節說明），
這一族群的豆干飲食習慣便更容易的保存下來。

〔註40〕陳正祥，《臺灣地誌 中冊》，臺北：南天書局有限公司，1993 年，頁 504。
〔註41〕周鍾瑄，《諸羅縣志》，南投：臺灣省文獻委員會，1962 年，頁 226。

第二節　福建原鄉地區豆干的製作技術及其在飲食中的應用

　　上節論述桃園大溪地區族群的遷移過程以及豆腐、豆干在族群飲食中的重要性後，本節介紹福建原鄉的豆干製作技術及其飲食文化。大溪在地漢人族群的祖籍多為漳州詔安縣、平和縣地區及汀州地區，為漳州客籍後裔。本文先就詔安縣、平和縣及汀州地區的豆干飲食習俗加以探討，籍以了解大溪豆干飲食習俗與原鄉承傳與變異的情形。

一、福建原鄉地區豆干製作技術的來源與原料的取得

　　一地飲食文化的建立，取決於三個重要的面向：一是生活上的需求，二是擁有該飲食物的製作技術，三原料的取得。有此三方的條件配合，某一飲食物方得以在某地流傳。福建原鄉地區豆類製品的需求，因其所處的地理環境條件的限制，豆類製品可補足民眾蛋白質需求，且豆類製品又有醫學上的療效，在需求面上有支持豆干飲食習俗建立的條件，以下將從製作技術的來源與原料的取得分項說明，以印證福建原鄉地區有充足的條件讓豆腐、豆干在此地流傳。

（一）福建原鄉地區豆干製作技術來源

　　關於豆腐的起源，明李時珍在《本草綱目》如是說：「豆腐之法，始於漢淮南王劉安」，其根據大抵是以南宋朱熹的一首豆腐詩：「種豆豆苗稀，力竭心已腐，早知淮南術，安坐獲泉布。」朱熹自注：「世傳豆腐本為淮南王術。」〔註42〕後世大多認為漢淮南王劉安是豆腐的發明人。目前關於豆腐的記載，最早文獻是五代後期的陶穀所著《清異錄》：「時戢為青陽丞，潔己勤民，肉味不給，日市豆腐數個，邑人呼豆腐為小宰羊。」〔註43〕由此可以看出，豆腐已出現在平民百姓的生活裡，另外再從考古學的發現談起，西元一九六〇年在河南密縣打虎亭村發掘的一號漢墓東耳室南壁西幅的畫像石，據黃興宗考證是豆腐作坊的石刻〔註44〕。該墓的主人是東漢末期人，顯然豆腐的製作技術在東漢時代便已成形了。

　　上述三個例子中，漢淮南王劉安承襲其父的屬地在淮南，今安徽淮南市；

〔註42〕李時珍，《本草綱目》，北京：人民衛生出版社，1975年，頁1532。

〔註43〕陶穀，《清異錄》（卷上）官門志‧小宰羊。

〔註44〕黃興宗，《李約瑟中國科學技術史第六卷第五分冊》，北京：科學出版社，2000年，頁254～262。

《清異錄》所提到的青陽在今安徽池州市青陽縣，在淮南市南約兩百公里，河南密縣在安徽淮南北方約四百公里左右，以上三地皆同屬淮河流域，密縣在淮河以北，淮南與青陽在淮河以南，此地地勢平坦，交通方便，此三地地緣相近。所以漢代時，豆腐在淮河流域出現並向外拓展是可以理解的。唐朝以前，此地豆腐製作的技術應是相當的成熟了。

圖3－6　河南密縣打虎亭漢墓一號墓東耳室南壁西幅石刻畫像

圖片說明：此幅石刻畫像共分上、中、下三層，其下層的部份，經黃興宗考證為豆腐
　　　　　製作的流程。〔註45〕

圖片來源：翻拍自河南省文物研究所，《密縣打虎亭漢墓》，北京市：文物出版社，
　　　　　1993年。

〔註45〕此圖的下層由左側起約略可見有兩人站在大缸旁，其中一人手持一長柄勺，
　　　　似在觀察缸內所放的物品，應屬浸豆的階段，右側又刻一人站於一個小磨旁，
　　　　一手轉磨，一手持瓢狀物向磨上加被磨的物品，本片段為磨豆的情形。再向
　　　　右側又刻一只大缸，缸上放一塊木板，缸周圍有三個人，其中一人用細布似
　　　　在進行過濾，另一人將過濾後的剩餘物放在缸上的木板進行擠壓，另一人似
　　　　在指點。缸上有一小燈，似在夜間操作，也可能是操作此過程所需的原料，
　　　　本片段應為過濾的過程。向右又刻一人站在另一大缸旁工作是點滷的情形，
　　　　缸的右側有張几，几上有一只大木箱，箱內有加工的物品，箱上有一長木槓
　　　　壓在箱蓋上，木槓端部掛一圓形重錘加壓，加壓後的液體由木箱底部流出，
　　　　最後流入罐中，推測應為製作豆腐過程中加壓的情形。見河南省文物研究所，
　　　　《密縣打虎亭漢墓》，北京市：文物出版社，1993年，頁128；黃興宗，《李
　　　　約瑟中國科學技術史第六卷第五分冊》，北京：科學出版社，2000年，頁256。

　　大溪江士香、士根家族，在宋末時遷入閩西汀州。此家族在魏晉南北朝淝水之戰之前，居兗州陳留郡圉縣〔註46〕，在今河南省開封市附近，與河南密縣相距約五十公里，在這樣的空間環境下，很早習得豆腐技術也是可能的。另根據羅香林在《客家源流考》中提到客家先民在東晉以前的居地，北起并州上黨（在今山西長治縣境），西屆司州弘農（在今河南靈寶縣南四十公里境），東達揚州准南（在今安徽壽縣境內），中至豫州新蔡（今河南新蔡縣）、安豐（在今河南潢川、固始等縣境內），第一次遷徙受東晉五胡亂華的影響，由中原黃淮流域，遷至鄂豫南部及皖贛沿長江南北岸至贛江上下游地區。第二次遷徙再由上述地區遷至皖南、贛之東南、閩之西南以至粵之東北〔註47〕。

　　綜合上述，客家族群在東晉以前即居黃淮流域地區，而黃淮流域是從文獻上、考古學上，目前可知最早有豆腐製作的區域，由此不難推測，客家族群在黃河流域即已學會豆腐的技術，隨著族群遷移的腳步，將之帶入福建閩西的汀州原鄉及漳州原鄉。

（二）福建原鄉地區黃豆原料的取得

　　黃豆是豆干製作的原料，黃豆也稱大豆，其栽培源起於中國，早已是國內外學者所公認。關於大豆栽起源於中國何處，主要有五種假說，一是由中國學者王連錚、常汝鎮提出的黃河中下游起源說，認為栽培大豆是由河南、山西、陝西地區開始的。其二是由學者李福山提出，他認為中國栽培的大豆是由河北東北部至東北中南部地區的野生大豆馴化而來，然後由此逐漸向外傳播。其三是由呂世霖提出的多中心說，認為黃河流域、華南地區及四川地區均有栽培大豆的記錄，且我國各地均有文化發達較早的地區，這些地區均有將野生大豆馴化為栽培大豆的可能。其四是學者王金陵經大豆的光照生態類型的分析研究，認為大豆應由長江及其以南的地區演化而來。

　　學者郭文韜則從文獻的記載、考古文物資料的佐證、大豆生物學方面的證據、有無野生大豆的分佈及各地不同的自然條件及耕作栽培制度來分析大豆栽培的起源。他的研究發現中國野生大豆的分佈範圍極廣，除青海、新疆及海南三省沒有找到野生大豆外，其餘各省均有野生大豆的分佈。早在三千至四千年

〔註46〕江橙基編，《濟陽江氏溪族譜》，桃園：士根公管理紀念管理委員會，2008年，頁34～35。
〔註47〕羅香林，《客家源流考》臺北：世界客屬總會秘書處，1985年，頁30～31。

前在華北及東北地區就有豆穀輪作一年一熟的的春大豆生產。黃淮地區在在二千二百年前已培育出適應麥——豆——秋雜輪作復種二年三熟的夏大豆。長江流域則是在二千一百年前培育出麥——豆輪作復種一年二熟的夏大豆旱作品種，一千年前才培育出稻豆輪作復種一年兩熟的水旱品種。〔註48〕

　　依據上述，在中國各地省份皆有野生大豆分佈，在大豆尚未進入栽培化之前，中原地區的居民，即已有採集食用大豆的習慣，《詩經·小雅·小宛》：「中原有菽，庶民采之」〔註49〕，《詩經·小雅·采菽》：「采菽采菽，筐之筥之」〔註50〕，雖漢代鄭玄注解為：「菽大豆也，采之者，采其葉以爲藿」，認爲采菽係爲采其葉，然即爲采其葉，何不稱之「采藿」，而謂采菽，是否有可能是採集大豆食用。本研究贊同學者郭文韜的論點，在三千年前的中原地區，食用大豆的習慣已經形成。在大豆栽培化後，大豆的產量更有了穩定的供應，讓食用大豆的飲食習慣能持續的發展與演變。

　　至少在二千年前，約當西漢時期，黃淮流域也有了大豆的栽培制度，在洛陽西郊發掘的漢墓中，出土的陶倉有「大豆萬石」的字樣，在此陶倉中也有大豆的實物，而此漢墓距今有二千年左右。而在《淮南子·墜形訓》中提到：「……禾春生秋死，菽夏生冬死，麥秋生夏死，薺冬生中夏死。」〔註51〕顯示在東漢間已經有麥——豆——雜糧輪種芻形。在漢代黃淮流域地區，豆腐的製作技術已臻成熟。這其中受絕對受大豆栽培制度形成的助益。

　　至二千一百年前，在長江流域已形成麥——豆輪作復種一年二熟的夏大豆旱作品種，西漢王褒在《僮約》中有提到：「四月當披。九月當穫。十月收豆」，在四川地區已有栽培大豆的制度。在 1970 年代，長沙馬王堆一號和三號漢墓中發掘出大豆的遺存，經鑑定已有二千一百年的歷史〔註52〕。

　　在一千年前約當北宋年間，也培育出稻——豆輪作復種一年兩熟的水旱夏大豆品種，在《宋史·食貨志》中提到：

〔註48〕郭文韜，〈略論中國栽培大豆的起源〉，《第八屆中國飲食文化學術研討會論文集》，2004 年，頁 553～570。

〔註49〕不著撰者，《毛詩·小雅·小宛》，收錄於四部叢刊經部，上海涵芬樓景印宋刊本，臺北：臺灣商務印書館，頁 886。

〔註50〕不著撰者，《毛詩·小雅·采菽》，收錄於四部叢刊經部，上海涵芬樓景印宋刊本，臺北：臺灣商務印書館，頁 106。

〔註51〕熊禮匯注釋，《新譯淮南子》，臺北：三民書局股份有限公司，2012 年，頁 207。

〔註52〕郭文韜，〈略論中國栽培大豆的起源〉，《第八屆中國飲食文化學術研討會論文集》，2004 年，頁 553～570。

江北之民雜植諸穀，江南專種秔稻，雖土風各有所宜，至於參植以防水旱，亦古之制。於是詔江南、兩浙、荊湖、嶺南、福建諸州長吏，勸民益種諸穀，民乏粟、麥、黍、豆種者，於淮北州郡給之。〔註53〕

可以看出北宋太宗以來，勸江南地區民眾多種雜穀，到南宋陳敷的《農書》提到：「夫耕耨之先後遲速，各有宜也，早田穫刈纔畢，隨卽耕治曬暴，加糞壅培，而種豆麥蔬茹，因以熟土壤而肥沃之。」〔註54〕至南宋時，江南地區雜植諸穀的政策，讓稻——豆輪種的制度確立，透過豆、稻及各類蔬菜的輪種，讓土壤維持地力，大豆的產量也因而不匱。

而根據上節族群遷徙研究，大溪地區的各家族原居於中原黃淮流域地區，而此地區在漢代時期黃豆栽培化已相當成熟，此點有助於豆腐製作技術的成熟，本研究推測，當時居住於此地的各姓氏家族，多已習得豆腐的製作技術，並隨著族群的遷移，在北宋仁宗、北宋及南宋交接之際、宋元交接之際遷徙入閩汀州府。此時也接近於稻——豆輪作的夏大豆品種出現之時。因為大豆能穩定透過輪種，產量穩定，對於汀州地區及漳州原鄉地區的豆腐飲食文化的持續及發展，給予穩定的原料供應。

在汀州地區有句俗諺：「蒸酒做豆腐，到老不能稱師傅」〔註55〕，此俗諺意謂做豆腐是家家戶戶都會技術，特別是農村地區，幾乎是每個家庭主婦都會，你即便掌握了做豆腐的技術，也沒有人要向你拜師學藝，因而到老了也稱不了師傅。這正反映了，汀州地區豆腐工藝的興盛。至今汀州的豆腐工藝依然興盛，豆腐製品種類多樣，傳統豆製品有豆腐、豆腐干、五香豆腐干、醬油豆腐干等〔註56〕，長汀豆腐乾屬閩西八大干之一，不僅全中國知名，更外東南亞，光是長汀地區，製作休閒豆腐乾的廠家便有數十家，這其中不包含小作坊〔註57〕。由此可知汀州地區豆腐、豆干業的興盛，也難怪閩西的汀

〔註53〕脫脫等，《宋史》，元至正刊本，臺北：臺灣商務印書館，2010年，第4冊，頁1973。

〔註54〕陳敷，《農書》，收錄於王雲五主編叢書集成簡編農書及其他二種，臺北：臺灣商務印書館，1966年，頁3。

〔註55〕李文生、張鴻祥，《吃在汀州》，北京：中國言實出版社，2000年，頁36。

〔註56〕長汀縣地方志編纂委員會，《長汀縣志》，福建長汀：生活、讀書、新知三聯書店出版，1993年，頁224。

〔註57〕本研究於101年7月17日在長汀縣南寨一路90號採訪王春輝及7月18日在長汀縣古城鎮新大街59號採訪徐振強總經理所得。

州有「豆腐王國」的美譽〔註58〕。

在漳州原鄉地區的豆干業，多以小作坊的型式在家生產的豆干，送至市場販售，或以機車，沿街叫賣，製作的豆干放入水中保鮮，也無真空包裝的技術，故銷售市場不易擴大，技術尚原始，且本地的交通位置偏僻，不易吸引資金投入，大量生產並工業化。此地生產豆干略有名氣，如平和縣大溪鎮江寨村所生產的大溪豆干，是大溪鎮的三寶之一〔註59〕，詔安縣霞葛鎮的南陂村，約在 1990 年代左右，製作豆干的小作坊有 100 多家，但至今約剩 30 多戶的小作坊仍在製作豆干販售，而南陂村製作的豆干，除在本村販售外，也送至鄰近村莊販售如霞葛，甚至遠達遴近的廣東省村落〔註60〕。在詔安縣秀篆鎮地區，每個自然村都有幾戶人家會製作豆干販售〔註61〕。

綜合上述，豆類製品在福建原鄉地區的日常飲食上有其需求，而這此族群又擁有豆腐、豆干的製作技術，且原料的供應又穩定，因此福建原鄉地區豆腐與豆干產業自古便有一定程度的發展。

二、汀州地區的豆干製作技術及其在飲食上的應用

根據上節的大溪地區重要家族族譜的研究，早期來到大溪地區的重要家族，多由漳州南靖縣書洋及梅林地區及詔安縣秀篆、霞葛、官陂及平和縣大溪地區而來。再往上推，這些地區的族群源自於汀州地區的上杭、長汀及寧化石壁地區。本小段主在說明汀州地區豆干的製作技術及在飲食上的應用。以供與大溪地區豆干飲食習俗比較。

（一）汀州地區豆干的製作技術

汀州地區豆腐製品種類繁多，一般的豆漿、豆腐常見於市場之外，豆腐乾的種類也很多樣，最為知名者為五香豆腐乾（見圖 3－6），除此尚有黃豆腐乾、醬油豆腐乾、多味豆腐乾等，另外豆腐皮（腐竹）也是汀州地區的著名

〔註58〕王增能，《客家飲食文化》，福建福州：福建教育出版社，1995 年，頁 89。

〔註59〕見互動百科，網址 http://www.hudong.com/wiki/%E5%A4%A7%E6%BA%AA，上網時間：101 年 11 月 15 日。

〔註60〕本研究於 101 年 7 月 15 日於福建詔安縣霞葛鎮南陂村採訪林木象、林根相所得。

〔註61〕本研究於 101 年 7 月 15 日於福建詔安縣秀篆鎮秀篆市場旁黃銘德宅村採訪黃銘德所得。

豆製品。

　　本研究經過初步的田野調查後，發現五香豆腐乾的外觀型式與桃園大溪的豆干相近，故選定以五香豆腐乾為對象，介紹其製作流程。

圖 3－7　汀州的五香豆腐乾

圖片說明：豆干外型為 8.5×8.5×2cm，呈黃色，以紅麴為顏料，印上的「五香豆腐干」
　　　　　字樣。

圖片來源：筆者自攝，2012.7.16 於福建省上杭縣西門市場豆腐攤。

1、浸豆、磨漿、過濾

　　首先挑選優質大豆，然後將大豆粉碎，去皮，再浸豆，浸豆後磨漿，開水沖漿，舀出豆漿的泡沫，豆漿過濾去渣。

2、煮漿、點滷、壓製

　　過濾後的豆漿，加熱煮沸，再以昨日預留的豆水酸化而形成乳酸乳來點漿，形成豆腐腦，再將豆腐腦舀入以沙眼布為墊的木方格中，沙眼布對角互綁包覆，然後重力壓製，形成白豆腐乾。

3、調味、染色

　　製成的白豆腐乾，先抹上五香粉和精鹽腌製，然後以清水先淨，再用光滑嫩石將其正面磨至光滑、晾乾，抹上梔子水染成黃色。

4、烘焙

　　已染黃的豆腐乾，放在特製的烘筐上，微火烘焙，五香豆腐乾於是完成。
〔註62〕

〔註62〕李文生、張鴻祥，《吃在汀州》，北京：中國言實出版社，2000 年，頁 40～41。

（二）汀州地區豆腐、豆干在飲食上的應用

在汀州地區，以豆腐為原料製作的菜餚占有極大的比例，鄉村中家家戶戶會做豆腐，外人來汀，都愛品嘗各類豆腐製品。每逢春節或民間傳統節日來臨時，長汀農村家家戶戶做豆腐已成傳統的習俗。做出的豆腐除供應年節的食用外，也需製作各類豆製品供平常使用，如油豆腐、豆腐線、鹽晒豆腐條、燻炸豆腐塊、豆腐乳等，都是平常配飯佐餐的好菜餚。

若在傳統節日或前夕，好客的汀州人會以煎豆腐、煮豆腐、白菜豆腐、豬肉豆腐，款待客人。也有其他精緻的豆腐菜餚，如三鮮豆腐丸、鮮蝦燜豆腐、鮮肉豆腐餃、沙鍋老豆腐、油蔥嫩豆腐、豬肉燒豆腐、白菜煮豆腐、翡菜炒豆腐、油炸豆腐餃……等豆腐製品也是汀州地區聞名的豆腐菜餚。汀州地區的豆腐菜餚種類繁多，其烹調方式有煎、炒、汶、燜、滷、煮、醃、炸、燉、泡等方式〔註63〕。

上述是豆腐在平民飲食中的運用，另豆腐乾的烹調及菜餚就不若豆腐的豐富，據汀州的王春輝所述，豆腐乾在烹調上可用炒的方式，和瓜類、青菜、肉類一起炒，也可用煮的方式，和肉類一起烹煮〔註64〕。

三、漳州詔安秀篆、霞葛及平和大溪江寨地區豆干的製作技術

（一）漳洲詔安秀篆豆干的製作技術

以下介紹的是詔安縣秀篆鎮煥塘村黃正文先生的豆干製作技術，煥塘村為黃姓單姓村，被採訪人其豆干製作技術傳承自其父親。從其成年之後，便以製作豆干為業。其豆干的製作技術仍維持純手工製作，流程如下：

1、浸豆、磨豆、煮漿及過濾

購買進來的黃豆，先去皮，然後浸豆，浸豆的時間長短，因季節不同有別，夏季浸豆時間較短，冬季時間稍長。浸豆完成後，置入磨豆機，磨完後，倒入大灶煮漿。待煮熟後，將豆漿及豆渣，一同倒入木桶中，木桶上方置一白布，豆漿及豆渣，經過此一白布的過濾後，漿渣分離，木桶中蒐集到的是純豆漿。白布上的豆渣，將其包覆妥當，放入豆漿中，沾溼，再擠壓，將剩

　　本研究於 101 年 7 月 17 日在長汀縣南寨一路 90 號，採訪王春輝師傅所得。

〔註63〕李文生、張鴻祥，《吃在汀州》，北京：中國言實出版社，2000 年，頁 10～11。

〔註64〕本研究於 101 年 7 月 17 日在長汀縣南寨一路 90 號，採訪王春輝師傅所得。

餘的豆漿完全的擠出，不浪費資源。

2、點滷

受訪者黃正文點滷的方式，是以鹽滷水倒入豆漿中，攪拌，鹽滷水的濃度，以經驗判斷，倒入後充分的攪拌，讓鹽滷汁液均勻的分佈在豆漿中。靜置一段時間約略 10 分鐘，豆花（即豆腐腦）逐漸形成，沉澱於下層，上層的豆水舀出。

3、壓製

點滷完成的豆花，在進行壓製之前，先在木製的隔板中置入小方巾，此木製隔板，一列六格，共六列，一次可製 36 塊豆干，每小格高約 10cm，方形紗布以菱形的方式，置於每一小格中，每小格倒滿豆花後，方形紗布以對角互綁的方式包覆好，然後，在每一小格中，置入木塊，再放置一塊大木板，上以千斤頂施力擠壓排水，王文正先生去年改以千斤頂施力，在過去則用槓桿原理，以重石壓製排水。壓製的時間約 10 餘分鐘，以經驗判斷。待水分已大量排出後，將壓在豆干上的大木板及木塊移走，取下包覆完整的豆干，拆下小方巾，一塊塊製作完成的豆干便完成。為了保鮮，當地的豆干業者會將豆干置於水中，運送至市場販售。

圖 3-8　詔安秀篆、官陂、霞葛及平和大溪地區的白豆干

圖片說明：當地的豆干外型為 7.5×7.5×5cm，呈白色，水份較多，此豆干為本研究
　　　　　購於福建省詔安縣霞葛鎮南陂村。

圖片來源：筆者自攝，2012.7.15 於福建省詔安縣。

4、染色

福建省詔安縣秀篆、官陂、霞葛等鎮及平和縣大溪鎮地區市場販售的豆干原則上是以白色的豆干為主。但在重要的節日、節慶活動、廟會慶典及生

命禮俗活動時，秀篆地區的居民會向豆干的小作坊訂購黃豆干，這種需特別訂製的黃豆干的製作流程是先將晒乾後的黃梔子果實，置於水中烹煮，待水溶液煮沸後，將白豆干置入黃梔子液中，約莫三分鐘豆干呈現黃色即可取出風乾，黃豆干略乾燥後，再蓋上紅色的店章，紅色的印色是以紅色的食用色素或以紅麴製作。

圖 3－9　染色完成的黃豆干上印

圖片說明：受訪者黃正文爲黃豆干上印，另有未染色的豆干，一經比較，明顯看出色
　　　　　澤的不同。

圖片來源：筆者自攝，2012.7.15 於福建省詔安縣秀篆鎮煥塘村黃正文宅。

圖 3－10　詔安秀篆地區的黃豆干

圖片說明：豆干外型爲 7×7×5cm，呈黃色，紅色印上的「永興」二字，爲受訪者黃
　　　　　正文的豆干小作坊店名。

圖片來源：筆者自攝，2012.7.15 於福建省詔安縣秀篆鎮煥塘村黃正文宅。

（二）豆干在漳州原鄉地區飲食上的應用

漳州原鄉地區豆干的料理方式，可煎、可炒、可炸、可煮湯。以煎的方式料理，主要是用醬油煎〔註65〕，以炒的方式料理，可以炒韭菜，許多的配料皆可搭配，煮魚頭湯時放幾塊豆干也可去腥味，用途多。另當地的豆干也可做成豆腐煲，把豆干的中間切開，放肉、香菇在豆干裡面〔註66〕。另外豆干與蒜蓉涼伴也很好吃〔註67〕。

漳州原鄉地區在過去喜慶節慶之日喜用豆干，元宵、清明、過節，多會買回去做菜，銷售量會比平常多一倍〔註68〕。過去在請客的會有豆干的料理，豆干代表高檔〔註69〕。

第三節　桃園大溪地區豆干的製作技術及其在飲食上的應用

初期入墾大溪的族群，以福建客籍居多，是擅長農業的族群，豆腐、豆干是他們重要的食物，來到大溪地區，順應自然條件而生活，豆腐、豆干依然是此一族群日常飲食所依賴的食物，再加上他們本身就擁有製作豆腐、豆干的技術。只要有穩定的黃豆供應，豆干的飲食文化便有充份的條件能繼續的保存下來。故本節擬先介紹桃園大溪地區黃豆的來源，再談大溪地區豆干的製作技術及其在飲食上的應用。

一、大溪地區黃豆的取得

至清乾隆時期，大量的漳州移民遷徙至大溪地區，臺灣地區的大豆供應仍相當充足。清乾隆朱景英在《海東札記》記載：「黃豆、黑豆、赤豆、綠豆、黃粱、胡麻之屬，北路廣種之；種同中土，而收穫較早。」〔註70〕在乾隆中

〔註65〕本研究於101年7月13日於福建平和縣大溪鎮江寨村採訪江子永、江吉祥、江庭林所得。

〔註66〕本研究於101年7月14日於福建詔安縣秀篆鎮市場旁黃宅採訪黃銘得所得。

〔註67〕本研究於101年7月14日於福建詔安縣霞葛鎮採訪林先安所得。

〔註68〕本研究於101年7月14日於福建詔安縣霞葛鎮採訪林基龍所得。

〔註69〕本研究於101年7月14日於福建詔安縣官陂村新坎村村長張德山宅採訪張清元所得。

〔註70〕朱景英，《海東札記》，南投：臺灣省文獻委員會，1996年，頁31～32。

期，臺灣北部地區已廣泛的種植黃豆且其品種與中土相同。由此不難看出，原在福建地區栽培的黃豆，隨著移民傳至臺灣，甚至品質較佳，產量多，而獲唐山地區民眾喜愛。清陳文達的《鳳山縣志》提到：「黃豆：皮黃，粒大倍於白豆．臺產甚多．販至內地，人甚珍之。」〔註71〕。同樣在陳桂培的《淡水廳志》：「黃豆粒大倍於內地，和白豆可作醬」。〔註72〕

　　日治時期，日人引進日本內地的種米，進行試種，初期雖成效不佳，但在日治大正十一年（1922年），成功培育適合臺灣的蓬萊米種，並推廣獎勵栽植。再加上清領時期以來臺米已有餘裕輸往中國大陸，日治時期以後，更加重輸日的比例，在出口米商的宣傳下，逐漸加深生產者栽種的意願。米穀的栽培面積增加，產量的大增〔註73〕。

表3-6　日治時期米穀種植面積及生產數量統計表

年　　度	米穀種植面積 （單位：甲）	米穀生產數量 （單位：公噸）
明治三十三年（1900年）	335,753.17	307,454
大正十一年（1922年）	527,096.18	778,751
昭和六年（1931年）	653,380.13	1,069,617
昭和十五年（1940年）	658,427.55	1,129,913
昭和十八年（1943年）	628,893.02	1,125,929

資料來源：引自華松年，《臺灣糧政史　上冊》，臺北：臺灣商務印書館，1984年，頁
　　　　　136～137。

　　在這樣的趨勢下，影響了黃豆的生產面積與產量（請見表3-7），生產的面積與產量逐年降低。如此的需求缺口，倖賴自中國東北進口的優質大豆來彌補。在太平洋戰爭爆發前，日本政府也已確立了戰時糧食體制，由臺灣及朝鮮的稻米輸日，以滿州國的雜糧來補足臺灣及朝鮮的糧食供應，期間曾一度因戰事的紛擾，黃豆的供給一度嚴重吃緊，造成大溪地區豆干業者的整併，其詳情已於上章第三節敘述。

〔註71〕陳文達，《鳳山縣志》，南投：臺灣省文獻委員會，1993年，頁93。
〔註72〕陳桂培，《淡水廳志》，南投：臺灣省文獻委員會，1977年，頁314。
〔註73〕華松年，《臺灣糧政史　上冊》，臺北：臺灣商務印書館，1984年，頁136～139、
　　　　166～167。

表3-7　日治時期大豆生產情形表

年　　度	大豆種植面積（單位：公頃）	大豆生產數量（單位：公石）
大正二年（1913年）	17,948.8	127,870.2
大正十年（1921年）	13,136.1	106,580.4
昭和五年（1930年）	8,601.5	63,481.3
昭和十五年（1940年）	4,256.9	36,767.3
昭和二十年（1945年）	7,405.1	26,802.0

資料來源：引自華松年，《臺灣糧政史 上冊》，臺北：臺灣商務印書館，1984年，頁
　　　　　153～154。

　　第二次大戰結束，國共分裂，臺灣本土生產的黃豆產量略有增加，但尚需仰賴外援，經過一段時間美國的援助後，臺灣地區的豆類製作業者，自行透過貿易的管道，向美國購買。至今大溪地區的豆干業者，則大多採用美國及加拿大進口黃豆原料進行製作〔註74〕。

　　綜合上述，大溪地區黃豆的供應，大體來說，仍算穩定，再加上生活中對豆腐、豆干的仰賴，以及大溪地區的族群本身即擁有豆干的製作技術，因此豆干的飲食文化，得以在大溪地區繼續的傳承與演化。

二、大溪地區傳統紅豆干、五香黑豆干的製作技術

　　依照過去的文獻與田野調查結果來看，大溪地區製造並販售豆干的廠家相當多，除上一章中所提到的王春、林絨、黃屋、邱黃傳坤、黃媽城外，由大溪文史工作者黃文秀所調查的豆干製作業者，早期尚有簡長樹以及蘇家、呂家、廖家等業者〔註75〕，但上述業者至今仍繼續經營者並不多見，有黃屋子孫經營的黃日香豆干及大房豆干，林絨傳承豆腐豆干技術給予江家所經營的萬里香豆干之外，尚有宜興食品店、日昌豆腐干店、廖心蘭豆干、滋香豆腐店及內柵簡正洋、員樹林簡榮基等所經營的豆腐干工廠，以上僅為大溪地區的經營的代表店家。本研究所採訪的對象為林宜忠先生經

〔註74〕黃淑芬，《2001年大溪文化節——神恩、豆香、木器馨——深度系列報導》，
　　　　桃園：大溪鎮歷史街再造協會，2001年，頁118。
〔註75〕黃文秀，《大溪城上的月光》，桃園：著者發行，2010年，頁161。

營的宜興食品店。

（一）宜興食品店的背景與經營現況

宜興食品商店的負責人為林宜忠，為桃園縣大溪鎮在地居民，確切祖籍其本人已不清楚，本研究依其昭穆序法推測，應為漳洲詔安霞葛南陂林心果公派下子孫。民國三十六年次，現年 66 歲，於 16 歲時至大溪下街呂傳得所經營的改良商店學習豆腐、豆干的製作技術。呂傳得祖籍漳洲詔安縣，依其呂氏各族譜所列的昭穆序法推測，呂傳得應為詔安縣秀篆鎮人士。呂傳得豆干製作技術承襲其父，共有五位兄弟，連同呂傳得先生，有三位手足從事豆腐、豆干的製作與販售。呂傳得於日治時期即在大溪經營豆干及製麵生意〔註76〕。

林宜忠至 21 歲時自行創業，僅製作豆干販售，製作的豆干種類有傳統大紅豆干兩種及五香黑豆干，其豆干的銷售範圍為大溪鎮街與中壢市。目前在大溪鎮中央市場所見的傳統大紅豆干多為宜興食品行所出產的豆干。林宜忠曾於民國七十八年擔任桃園縣豆腐商業同業公會理事長，至今仍參與桃園縣公會及臺灣省豆腐商業同業公會聯合會理事。為大溪地區重要豆干廠商之一。〔註77〕

（二）大溪豆干的製作流程

以下分傳統大紅豆干及五香黑豆干兩大類說明，在傳統大紅豆干方面，又可分為兩種豆干，一類是未經鹼水汆燙，另一類是經過鹼水汆燙。

1、大紅豆干的製作方式

（1）浸豆

宜興食品行選用的黃豆原料採用美國特選黃豆，開始製作時首先將黃豆浸泡，依季節的不同，浸豆的時間也不同，在夏季時大約浸泡 4～5 小時，冬

〔註76〕本研究於 101 年 5 月 17 日與 6 月 28 日採訪呂芳盛及林宜忠先生所得。另在臺灣總督府礦工局，出版的《工場名簿昭和十七年》中記載呂傳日在中壢郡中壢街開設改良園豆腐製造工場，呂傳日即為呂傳得之庭弟，見臺灣總督府礦工局，《工場名簿昭和十七年》，臺北：臺灣總督府礦工局，1944 年，頁 292。

〔註77〕本研究於 101 年 6 月 28 日採訪林宜忠先生所得，另見臺灣省豆腐商業同業公會聯合會，《中華民族第十七屆豆腐節暨豆腐業始祖劉安公二一八九年誕辰臺灣省商業同業公會聯合會第廿屆第二次會員代表大會手冊》，無出版資料，2010 年，頁 16。

季時大約浸泡 7～8 小時。浸泡完成的黃豆略爲發漲。

（2）磨豆、煮漿與過濾

浸泡完成後的黃豆透過吸引的方式，進入磨豆機，磨豆變成濃郁的豆漿，而後進入煮漿的程序。豆漿經加熱升溫至 95～100℃，煮漿的時間依蒸氣壓力而定，壓力大，升溫快，時間短，反之，時間短。煮漿完成再經過濾的階段，將豆漿與豆渣分離。分離的豆渣成爲餵豬飼料。

（3）點滷

豆漿分離後，進行點滷的工作，在豆漿中到入食用石膏並攪拌，讓石膏充份且均勻的散佈在豆漿中，靜置最少 15 分鐘，豆漿結成塊狀，稱爲豆腐腦（即豆花），它會沉澱在下層，豆水上浮，將之舀出，形成的豆花，再將形成的豆腐腦攪拌一次，此動作稱爲破花，讓豆腐腦再沉澱一次。

圖 3－11　點滷與攪拌

圖片說明：將食用石膏加水溶解後倒入，充份的攪拌，讓豆漿結成塊狀。

圖片來源：筆者自攝，2012.7.2，大溪宜興食品店。

（4）豆腐腦第一次壓製

形成的豆腐腦，盛裝入一鐵製平盤，進行第一次壓製，壓製時間約 3 分鐘。該盤上已初步分成格狀，壓製後，按其形狀切割出每一份量約略相同的豆干胚胎，方便進行手工包覆。

圖 3－12　豆腐腦的第一次壓製

圖片說明：盛裝好的豆腐腦經壓製，排出水份。

圖片來源：筆者自攝，2012.7.2，大溪宜興食品店。

圖 3－13　第一次壓製後的豆干胚胎

圖片說明：壓製後所形成的豆干胚胎。

圖片來源：筆者自攝，2012.7.2，大溪宜興食品店。

（5）包覆豆干胚胎、第二次壓製

　　以人工將豆干胚胎，包覆於棉布中，完成後置於一木盤上，此木盤已整齊釘上一正方形的塑膠片，每一包覆後的豆干胚胎需置於此塑膠片上，然後進第二次壓製第二次壓製時，分四階段施力，每一階段約 4 分鐘，力道逐漸增加。壓製完成後拆除棉布，白豆干完成。

圖 3-14　第二次壓製的木板

圖片說明：在此木板上，釘上整齊的塑膠片，此塑膠片的功能，除可增加壓力，幫助
　　　　　排水外，壓製後的白豆干上會有一方形的豆干印。

圖片來源：筆者自攝，2012.7.2，大溪宜興食品店。

（6）焦糖染色及風乾

　　在大溪地區市場所見的大紅豆干，分成兩類，一是經過鹼水煮製，再放入
焦糖汁液中染色。另一是直接在焦糖汁中加鹽，將白豆干浸入染色，未過鹼水。
兩者完成後，從外觀上，可看出其二者差異，有過鹼者，在外觀上，表面較為
平整、會有亮澤。但未經過鹼水者，豆干表面可看出棉布的紋路，表面色澤不
會有反射的亮光。豆干經焦糖染色後，再經風乾過程冷卻。大紅豆干製作完成。

圖 3-15　豆干進入焦糖染色

圖片說明：圖中的黑色水溶液即為焦糖水溶液，豆干置入染色。染色完成後即為紅褐
　　　　　色的大紅豆干。

圖片來源：筆者自攝，2012.7.2，大溪宜興食品店。

圖 3-16　風乾階段

圖片說明：完成後的大紅豆干，放置完整風乾。圖中的豆干為未過鹼水的大紅豆干。

圖片來源：筆者自攝，2012.7.2，大溪宜興食品店。

| 圖 3－17　汆鹼的大紅豆干 | 圖 3－18　未汆鹼的大紅豆干 |

圖片說明：兩者的外觀上差別在於表面的亮澤與表面有無棉布的紋路。在口感上，汆
　　　　　鹼者較有彈性，口感較 Q。

2、五香黑豆干的製作方式

　　五香黑豆干的製作方式，和上述大紅豆干的製作方式約略相同，首先浸豆，而後磨豆與煮漿，在煮漿的過程中，會加入五香粉，此五香粉內含八角、小茴及其他香料，故煮好的豆漿有五香的味道，與大紅豆干，純豆漿的口味不同。煮漿完成後，進入過濾的階段。過濾後同樣以食用石膏點滷，形成豆腐腦，再進行兩次壓製，在壓製的過程中，力道會較製作大紅豆干時稍重，所以形成的白豆干較乾，型體也較小。

圖 3-19　五香黑豆干的煮漿階段

圖片說明：五香黑豆干在者煮漿過程中所加入的五香粉。

圖片來源：筆者自攝，2012.7.2，大溪宜興食品店。

　　白豆干製作完成後，進入染色階段，首先將白豆干以鹽水滷過一次，再將豆干置入焦糖鍋爐中滷製，五香黑豆干在焦糖滷製時，焦糖的濃度較大紅豆干的焦糖濃度稍高，且豆干滷製的時間稍長。滷製完成的五香黑豆干，須靜置風乾。

圖 3-20　製作完成的五香黑豆干

圖片說明：經過鹽水及焦糖滷製的五香黑豆干。

圖片來源：筆者自攝，2012.7.2，大溪宜興食品店。

三、大溪傳統紅豆干與五香黑豆干在飲食上的應用

　　大溪地區馳名的五香黑豆干以及傳統大紅豆，兩者在製作過程略有不同，外觀及型制也有差異，前已述明，以下介紹兩者在飲食用途上各有的特性：

　　大紅豆干體積較大，未添加鹽份及五香調味，經一次的糖烏染色，水份

含量較多，口味鮮嫩，接近豆漿原味。在大溪一般民眾家中料理，以使用大紅豆干爲多〔註78〕。五香黑豆干，在日治時期即已出名，屬大溪名產，當時名爲「鹹豆干」〔註79〕，水份壓的較乾，口感較Q，口味偏鹹略帶五香味〔註80〕，用在家中的料理，不若大紅豆干頻繁，但適合做爲零嘴以及勞工階級中、晚餐配飯食用。

在料理方式上，大溪豆干較常以滷及炒的方式料理。以滷的方式料理時，可先用手將豆干剝開和肉一起滷。用手剝，豆干會呈不規則形狀，滷汁的味道易滲入豆干裡。若以炒的方式料理，可以炒芹菜、韭菜、蒜，也可和蔥花加些醬油一起爆香。大溪的五香黑豆干也可以粗獷的方式，不用任何的料理方式，直接吃〔註81〕。

上述是以豆干爲主角的料理方式，但大溪豆干也可以配料的角色存在於其他的料理中，如大溪傳統的豆干店黃日香豆干的創始人——黃大目先生，原先因爲做碗粿，要用豆干做配料，每天都會到林絨先生的豆干店買豆干，但因日產五香黑豆干有限，故時常向偶〔註82〕，現今大溪知名的里長嬤碗粿也是以五香黑豆干做爲碗粿的配料。

圖3－21　里長嬤碗粿

圖片說明：里長嬤碗粿以及豆干切塊當作配料。

圖片來源：筆者自攝，2012.6.4，於大溪和平路里長嬤碗粿本店。

〔註78〕本研究於101年5月14日於大溪登龍路王茂田老師自宅，訪問王老師所得。
〔註79〕本研究於101年5月24日於大溪鎮民生路3號訪問呂芳盛先生及同年6月28日在桃園縣大溪鎮瑞安路一段286號訪問林宜忠先生所得。
〔註80〕本研究於101年5月14日於大溪登龍路王茂田老師自宅，訪問王老師所得。
〔註81〕林明德，《大溪豆腐系列文化研究》，臺北：財團法人中華民俗藝術基金會，1999年，頁132。
〔註82〕廖明進，《大溪風情》，桃園：財團法人和平禪寺文教基金會，2006年，頁104。

上述豆干的料理多運用在中餐及晚餐，在早餐時，據大溪文史工作者黃文秀憶其小時，早餐的內容有稀飯配醬菜、油條、甜花豆、白切的原味豆腐和黑豆干沾醬油〔註83〕。故豆干在大溪常民飲食中有運用範圍廣，料理的方式也多樣。

另豆干在平民日常飲食中，還有以下特色，如多於祭祀之日食用，豆干的菜餚多出現於宴客的場合，豆干是大溪知名的伴手禮及日常的小食，將於四之（二）段中再為詳述。

四、大溪豆干的製作技術及飲食習俗與原鄉地區的異同

民俗的傳播可從時間縱軸的承傳以及空間橫向的擴散兩方面來看，在傳播的過程中，有不易變動的特性及因時空環境的不同而有因地制宜的特性，以下就豆干製作技術及飲食上的運用兩部份，討論豆干飲食習俗的異同，以期探究豆干在飲食習俗中的意涵。

（一）大溪豆干的製作技術與原鄉地區的異同

綜觀上節介紹桃園大溪、福建省詔安秀篆地區及汀州五香豆腐乾的製作技術，本研究發現，大溪豆干之所以名聞遐邇，其一部分係肇因於擁有優良的豆干製作技術，以下從製作技術的普遍性、承傳性兩方面來探討大溪豆干馳名之因。

1、製作技術的普遍性

早期來到大溪拓墾的族群是一群擅長製作豆腐豆干的族群，在根據第二章所述，在日治中期以後，在昭和五年（1930 年）《新竹州勢及商工名鑑》，以及昭和九年（1934 年）以後臺灣總督府殖產局調查的《工場名簿》中，大溪地區的豆腐、豆干業者至少有六家，當然還有不在調查名冊中，但在日治時期便已存在的豆腐豆干業者〔註84〕。顯見豆腐、豆干的製作技術，是相當遍的。此外這此公佈的調查結果尚不包含鄉村地區，以及農閒時或每日空暇時製作豆腐販賣的商家。

在回顧族大溪地區族群遷移的上一站，漳州詔安縣秀篆、霞葛、官陂等鎮又平和縣的大溪鎮，平和縣大溪鎮的豆干在當地頗負盛名，霞葛鎮的南陂

〔註83〕黃文秀，《大溪城上的月光》，桃園：著者發行，2010 年，頁 9。
〔註84〕此部份在第二章第二節已說明，在此不多贅述。

村，在過去有達上百戶的小作坊每日生產豆干至周圍鄉鎮販售，隨著鄉村地區的青年人口外移工作，年老者退休等因素影響，至今仍有卅餘戶小作坊，仍以生產豆干為業。在秀篆鎮地區，至今每一自然村仍有一至二戶的豆干小作坊存在，反映出豆干的製作技術在漳州原鄉是普遍存在的並不限於少數人所有。

沿著族群遷移路線更往上推，在汀州地區，每逢春節或民間傳統節日來臨時，農村家家戶戶做豆腐已成為傳統俗習，故當地俗諺：「蒸酒做豆腐，到老不能稱師傅」。意謂著在汀州地區，豆腐豆干的製作是農村婦女必備的技藝，因為家家戶戶皆有這樣的技術，由家中長輩傳授予晚輩，故無人會拜師學習豆腐的製作，故到老不能稱師傅。

由此觀之，大溪豆干能夠馳名，其先備的條件是本地許多人擁有精良的豆腐、豆干製作技藝，生產豆干為業，才能在透過來大溪工作的外地人、至外地工作，唸書的大溪遊子及前來旅遊的觀光客將大溪豆干的名聲拓展出報去。

2、製作技術的承傳性

綜觀桃園大溪、漳州原鄉及汀州地區的豆干製作技術，從浸豆到形成豆干的過程，共有浸豆、磨豆、煮漿、過濾、點滷、包覆、壓製、染色等八項重要步驟，步驟繁鎖，特別是，在豆干的包覆過程三地都顯現出共同的特徵，都必需以小方巾，以手工方式一個個的包覆。如此繁瑣的製作過程，自是不易大量的生產，也讓豆干的價格相較於豆腐貴上許多。

在製作豆干繁複的過程中，須注意的細節多，這需要技術與經驗的傳承，方能製出口感佳的豆干，例如，浸豆時間的長短，冬夏有別；點滷時滷化劑與豆漿的比例及凝結的時間等。此三地同宗同祖，豆干製作技術本是一脈，擁有相同優良的製作技術，隨著族群遷移，來到各自所生活的區域。然後，製作技術各有改良，因而做出型制與口味略有不同的豆干。

以下試以歷史溯源的方式比較三地豆干技作技術及型制，以釐清大溪豆干與漳州原鄉、汀州原鄉的關係。

（1）製作技術

就點滷的方式來說桃園大溪、漳州原鄉及汀州原鄉三地點滷所使用的滷化劑不同，在桃園大溪使用的是食用石膏、在漳州原鄉使用的則是鹽滷水，在汀州地區則使用前一天預留而已酸化的豆水，當地人稱為「乳酸乳」，李時珍《本草綱目‧穀部》記載：

豆腐之法，始于漢淮南王劉安。凡黑豆、黃豆及白豆、泥豆、豌豆、綠豆之類，皆可爲之。造法：水浸磑碎，濾去滓，煎成，以鹽鹵汁或山礬葉或酸漿、醋淀就釜收之。又有入缸內，以石膏末收者。大抵得鹹、苦、酸、辛之物，皆可收斂爾。……〔註85〕

《本草綱目・石部》石部又云：「……今人以石膏收豆腐，乃昔人所不知。」〔註86〕由上述觀之，汀州地區所用乳酸乳點滷，是爲古法，以乳酸點乳的好處是資源的回收再利用，且不必打理點滷劑的來源，就地皆可製作；另外多數的發明，來自於對自然現象的觀察，加以利用，汀州地區以乳酸乳點滷，可能係因豆漿久放變質，酸化形成豆腐腦的自然現象而來，據此以乳酸乳點滷。故本研究推測，以乳酸乳點滷應爲古法。以石膏點滷爲明代以後的新法，桃園大溪地區以採用新法點滷，採用石膏點滷的好處，據汀州王春輝師傅所述，可提高豆腐及豆干的產量約一至二成〔註87〕，故豆腐、豆干製作技法在傳遞過程中，可能因營收的考量，點滷方式改以石膏收豆腐。

就染色技術來看桃園大溪、漳州原鄉及汀州地區三地的豆腐干，多以天然的顏料染色。在桃園大溪地區的大紅豆干及黑豆干是以焦糖，當地業者稱之爲「糖烏」染色。染色時，以焦糖加水調勻，再將白豆干置糖水溶液中染色，因焦糖的濃度不同，濃渡較低者，染成大紅豆干，濃度較高者染成黑豆干。

關於焦糖染色技術的來源，根據桃園大溪鎮當地耆老江宗萬先生憶述：

民國初年林絨老先生自福建省漳州林家莊渡海來臺，……帶來了「五香黑豆干」的做法。林絨老先生先將赤糖煮焦，成爲俗稱之「糖烏」以之爲染料，便成爲黑色之豆干，同時兼具防腐功效……〔註88〕

林絨約二十五歲來到桃園大溪〔註89〕，推估來到大溪時是清光緒十七年（西元1891年）左右。上述說法是否屬實，已不易探究，但在大溪文史工作者黃文秀的採訪中，提到新南街簡長樹先生，當地人稱「豆干樹」，其生活的年代與林絨先生相近，當時的簡長樹以製作紅豆干、豆腐及豆花爲業，他所製作

〔註85〕李時珍，《本草綱目》，北京：人民衛生出版社，1975年，頁1532。
〔註86〕李時珍，《本草綱目》，北京：人民衛生出版社，1975年，頁543。
〔註87〕本研究於101年7月17日在長汀縣南寨一路90號，採訪王春輝師傅所得。
〔註88〕林明德，《大溪豆腐系列文化研究》，臺北：財團法人中華民俗藝術基金會，1999年，頁64。
〔註89〕廖明進，《大溪風情》，桃園：財團法人和平禪寺文教基金會，1999年，頁103。

的紅豆干同樣以焦糖染色〔註90〕。本研究推測，焦糖染色的技術在清末時期亦或是更早，就普遍存在於大溪地區。

　　焦糖染色技術來到大溪之後，本研究推測大溪地區應先流行大紅豆干，然後才漸有黑豆干的出現。其理由是根據大溪鎮耆老王茂田老師所述：「紅豆干出現較早，黑豆干是後來產生的」〔註91〕。另在關於大溪黑豆干的起源，有一說是由黃日香豆干所研發出來的，約在日治昭和初期黃日香豆干便是以焦糖染色，製成黃豆干（案：應爲紅豆干），後透過一位糖業公司的技師指導改良後，研發出黑豆干〔註92〕。本研究推測在大溪地區焦糖染色技術流行之後，先較爲流行的爲大紅豆干，而後黑豆干才漸次流行的出現。

　　在漳州原鄉地區，在市場中多可看見白豆干，經染色後的黃豆干並不見於市場豆腐攤中。本研究在詔安縣秀篆鎮採訪中得到一項重要的訊息，

> 節日一定要用黃豆干，染黃色代表喜氣、代表富貴、過年節一定要用黃豆干，要染黃。平時只做白豆干，有交待才會做黃豆干，不染色的白豆干不好看。……過年、喜慶的日子會用黃豆干。……喜事時多用黃豆干，喪事時則隨意。〔註93〕

在上述的訪談過程中，可以發現黃豆干多出現於重要的節日或喜慶日用，代表黃豆干在民俗上，除飲食使用外，另有其使用的特殊時機與場合。

　　在汀州地區流行的五香豆腐干，其染色的方式不同於現今詔安秀篆地區，在秀篆地區是將豆干置入黃梔子水中浸泡染色，在汀州地區則以黃梔子水塗在豆腐干上，這樣的染色方式更加的繁瑣，本研究推測，汀州地區豆腐干染色技術應爲較古老的技術〔註94〕，其以塗抹的方式上色，應是表示愼重，此點如同漳州原鄉地區的黃豆干，突顯了汀州的五香豆腐干，在重要的歲時禮俗、生命禮俗及祭祀上，有其特定的功能，傳至漳州地區後，爲節省工時，將染色的方式改以浸泡方式。

〔註90〕黃文秀，《大溪城上的月光》，桃園：著者發行，2010年，頁160～161。
〔註91〕本研究於101年5月14日在大溪鎮登龍路王宅，採訪王茂田老師所得。
〔註92〕佟孝嬴，〈爲大溪豆腐干尋根〉，《綜合月刊143》，1978（10）：111～115。
〔註93〕本研究於101年7月14日於詔安縣秀篆市場黃宅，採訪黃明德先生所得。
〔註94〕本研究於101年7月17日於福建省長汀縣南寨一路90號，採訪王春輝豆腐師傅時，王師傅亦稱：「上杭的黃豆干（即五香豆腐乾）是很傳統技術，手續複雜，一個一個包，不容易大量生產。」

何以汀州地區、漳州原鄉地區及桃園大溪地區的所製作完成的豆干都需要以染色呢？其原因如前段已述，中國人忌諱白色，故在重要的場合，食用或使用豆干時，較不喜歡用白豆干，特別是在重的的歲時禮俗或生命禮俗儀式上。將白豆干加以染黃或染紅，其中一項重要的目的是增加喜氣。同樣，中國人也忌諱黑色，故桃園大溪地區在焦糖染色技術出現時，大家對紅豆干的喜愛，更甚於黑豆干，故紅豆干較黑豆干流行，也才會有王茂田老師「紅豆干出現較早，黑豆干是後來產生的」之說。

何以在漳州的原鄉地區及汀州地區的豆腐干是以黃梔子染色，而到了桃園大溪地區則改為焦糖染色呢？主要是因為豆干經焦糖染色，可以防腐及調味的功效〔註95〕，其中防腐的功效，可讓豆干的保存時間拉長，若以濃度更高的焦糖來染色，製成的黑豆干，保存的時間又更長，延長豆干的銷售時間，因此當焦糖染色技術傳入大溪時，便被其它豆干業者群起仿效。

另外在大溪也有販售氽鹹的大紅豆干，氽鹹的大紅豆干除了口感較具彈性外，其表面較光亮平滑，在福建的汀州地區用黃梔子液上色的五香豆腐干，尚需以光滑嫩石將其正面磨至光滑，兩地的豆干皆注重豆干的表皮光滑，為此其製作過程也更增加了一道手續。這表面光滑的要求，本研究認為也與上述豆干在重要的歲時禮俗、生命禮俗及祭祀上的特定的功能有密切的關係。

（2）豆干的型制

以下試從三地豆干的外型尺寸及三者共通特色——豆干印來討論。桃園大溪、漳州原鄉及汀州地區三地豆干尺寸如下表：

表3－8　桃園大溪及其原鄉豆干尺寸對照表　　　　　（單位：公分）

各地豆干	大溪 大紅豆干	大溪 五香黑豆干	漳州原鄉 黃豆干	汀州 五香豆腐干
外型尺寸（長×寬×高）	8×8×2.5	7×7×2	7×7×5	8.5×8.5×2

資料來源：本研究整理

上述三地豆干尺寸來看，大溪的五香黑豆干尺寸略小於大紅豆干，但大溪地區與汀州地區豆干尺寸相近。漳州原鄉地區的黃豆干，其長寬與其他地區相同，唯厚度，大於其餘各地當多。根據本研究在福建省詔安縣官陂村新

〔註95〕林明德，《大溪豆腐系列文化研究》，臺北：財團法人中華民俗藝術基金會，1999年，頁62及69。

坎村採訪當地耆老張清元時提到：

> 有見過黃豆干，厚度爲半吋，規格爲 10 公分見方。黑的未見過（案：
> 指黑豆干），已有 30 幾年未見過黃豆干，不愛吃黃豆干，以黃梔子
> 當染料，由樹上摘下，黃色好看，叫老闆做，他會做。〔註96〕

顯見在漳州原鄉地區，曾出現與汀州地區五香豆腐干外型尺寸相同的豆腐
干，但今已不多見。其漸消失之因，本研究推測，在漳州原鄉地區的市場並
不見販售豆腐，且本研究實地採訪的豆干小作坊，如詔安縣霞葛南陂村林木
象的豆干小作坊及詔安縣秀篆煥塘村黃正文豆干小作坊等皆以製作豆干爲
主，未見其製作豆腐。而漳州原鄉地區的豆干，水份多於其他地區，其所製
作的豆干，在日常生活飲食上，運用極多且廣，在料理上也用煮的方式料理，
也可煮湯，由此來看漳州原鄉地區的豆干，已經取代豆腐。可以推測，現今
漳州地區的豆干應爲近數十年來的改良品，由原先與汀州地區相同的豆腐
干，漸改良爲如今的豆腐干，其運用也取代原有豆腐。綜合上述，桃園大溪、
漳州原鄉及汀州地區的豆腐干，其尺寸應是大同小異。

　　在桃園大溪地區所製作的豆干中，在其正面的中間有一約 2 公分見方的
正方面凹陷，在大溪地區習稱爲「豆干印」。用於祭祀的豆干，必須有「豆干
印」〔註97〕，在早期此豆干印凹陷處還會印有「豆干」二字〔註98〕，但現已
不復見。

　　觀察漳州原鄉地區的黃豆干，在白豆干以黃梔子液染色後，尚需以店章
沾上紅色色素在黃豆干上上印。據受訪的黃正文先生說，拜拜用的黃豆干要
蓋上紅色的店章。在汀州地區的五香豆腐干，一樣用紅色的印章蓋上「五香
豆腐干」字樣，而這樣的豆干也同樣用於祭祀上〔註99〕。

　　在湖南地區過年祀神時，亦有相雷同的豆腐印，朱介凡在〈母親的抓豆
腐〉一文中提到：

> 過年時候敬神，除了三酒盅堆成帽兒頭的飯糰，上插金銀元寶花之
> 外，還有三碟小豆腐，每塊五方公分，是湖南水豆腐，上面印了一

〔註96〕 本研究於 101 年 7 月 14 日在詔安縣官陂村新坎村村長張德山宅採訪張清元先
生所得。

〔註97〕 本研究於 101 年 6 月 28 日在桃園縣大溪鎮瑞安路一段 286 號採訪林宜忠先生
所得。

〔註98〕 本研究於 101 年 1 月 23 日在桃園縣大溪鎮楓樹邱家採訪邱創潭先生所得。

〔註99〕 本研究於 101 年 7 月 16 日在福建省上杭縣西門市場採訪林琴英所得。

個紅色的福字。過年的敬神，這飯糰與豆腐的供奉，似比豬頭三牲
來得重要……按旁地方習俗說法，取隔年的飯，供奉大年初一這幾
天，乃表示家有餘糧。中國人的好彩頭，總希望「吉慶有餘」，而神
鬼比人更喜歡吃豆腐。〔註100〕

本研究推測，在大溪地區豆干上的豆干印，應源自於福建原鄉，以紅色色素
蓋上的店章或豆腐干印。此豆干印在福建原鄉地區，除具有美觀的功能外，
尚有祭祀上的意義，祭祀用的豆干須具有此豆干印。後傳至桃園大溪地區，
因染色技術改變，以焦糖染色製成紅豆干，改以方形的凹陷代替紅色的印章，
以維持豆干在祭祀上的功能。

（二）大溪地區及其原鄉豆干在飲食中應用異同

以下就豆干在上述地區飲食中應用相同點與相異點兩部分討論：

1、相同點：

（1）食用豆干的時機多於祭祀的節日

大溪地區的豆干作坊，除製作豆干外，多會製作豆腐，在過去豆腐的銷
售是較豆干為多，據大溪地區耆老王茂田老師所述，早期民眾早餐多用豆腐
配稀飯食用，家中三餐料理多買豆腐為多〔註101〕。另一位耆老廖明進校長也
提到，在早期不可能天天吃豆干〔註102〕。何時才可能吃到豆干呢？大溪當地
人士普遍的共識，過去豆干的價格不斐，豆干只有在年節拜拜的牲禮中才看
得到〔註103〕。另大溪內柵地區的豆干業者簡正洋之女也提到，簡正洋先生沿
用傳統的豆干製作方法，每日的豆干的產量有限，逢年過節拜拜的時候便會
到店中訂購豆干，而這此時候便是簡家二老最忙碌的時候〔註104〕。顯見豆干
的食用，多於年節或祭祀節日。

同樣的現象也在漳州原鄉及汀州原鄉地區顯現，在漳州原鄉，過去喜慶
節慶之日喜用豆干，元宵、清明、過節，多會買回去做菜，銷售量會比平常

〔註100〕 朱介凡，〈母親的抓豆腐〉，收錄於林海音主編《中國豆腐》，臺北：大地出版
社出版，2009年，頁152。
〔註101〕 本研究於101年5月14日於大溪登龍路王茂田老師自宅，訪問王老師所得。
〔註102〕 本研究於101年5月12日於大溪廖明進校長自宅，訪問廖校長所得。
〔註103〕 林明德，《大溪豆腐系列文化研究》，臺北：財團法人中華民俗藝術基金會，
1999年，頁53。
〔註104〕 林明德，《大溪豆腐系列文化研究》，臺北：財團法人中華民俗藝術基金會，
1999年，頁74。

多一倍〔註105〕，平和縣大溪鎮江寨村的耆老也提到，春節期間祭祖會用豆干、米菓、初一上午用早齋，也會吃豆干，所以過年期間豆干很搶手，有時貴到一塊豆干八塊錢人民幣〔註106〕。在汀州地區的豆腐小作坊師傅王春輝也提到在過年過節神明生日時豆腐豆干的銷量增大〔註107〕，在汀州上杭縣的市場豆腐小販林琴英也提到，重要節日如端午節會用炸豆腐或豆腐干，到廟裡拜菩薩，祭祖、祭祀土地公以及家中的菩薩，會用豬肉、魷魚、豆腐干組成的三牲祭祀〔註108〕。

（2）以豆干為食材的料理，多出現於宴客的場合

大溪耆老廖明進校長提到，在他父親一輩的人，請客時一定要有豆干〔註109〕，有客人來時會特別買豆干，炒菜脯蛋，豆干炒韮菜是過去宴請客人的菜色，他也提到，他的父親如果受別人邀請，一定要有豆干炒韮菜。

另外，一個豆干經常出現的場合則是農事起始插秧，稱為「完工」以及收冬，稱為「起工」，農家多會準備，三牲酒醴，祭拜土地公，祭拜完後，會以祭拜的豆干燉豬肉，宴請前來「放伴」的同村人或員工〔註110〕。顯見豆干在大溪常民生活中，豆干是一項貴重的食材，平日的飲食並不常見，多出現於宴客的場合。雖豆干經常出現於宴客的場合，但在重要的婚禮喜宴、入厝、壽宴則不見豆干〔註111〕。

在漳州原鄉地區，早期在三餐的菜色中，出現豆干就代表那一餐是相當豐盛的，而且以前人家來到家裡吃飯，要有豆干才能顯示尊重〔註112〕。

〔註105〕本研究於101年7月14日於福建詔安縣霞葛鎮採訪林基龍所得。
〔註106〕本研究於101年7月13日於福建平和縣大溪鎮江寨村採訪江子永、江吉祥、江庭林所得。
〔註107〕本研究於101年7月17日於福建省長汀縣南寨一路90號，採訪王春輝豆腐師傅。
〔註108〕本研究於101年7月16日在福建省上杭縣西門市場採訪林琴英所得。
〔註109〕林明德，《大溪豆腐系列文化研究》，臺北：財團法人中華民俗藝術基金會，1999年，頁104。
〔註110〕本研究於101年5月12日於大溪廖明進校長自宅，訪問廖校長所得，以及於101年1月23日於大溪楓樹邱家訪問邱創灈先生所得。
〔註111〕本研究於100年10月17日在大溪社角邱宅訪問邱家渠先生所得，據徐福全研究，此習為「葬後，喪家備菜肴酬佐事者及親友」、「此宴為『食三角肉』或『相合肉』」、「喪宴或稱『散餕』石門、嘉義等地，或名『爛肉』臺北市等地、或名『呷大頓』宜蘭地區，或名『遺食』彰化大村、臺南市等地」。見徐福全，《臺灣民間傳統喪葬儀節研究》，臺北：徐福全，1999年，頁420～421。
〔註112〕本研究於101年7月13日在福建漳洲平和縣大溪鎮江寨村江姓宗祠夢筆堂採

豆干做為迎賓的佳餚，在清朝詩人尤自芳的《詠菽乳》一詩中即提到：

> 尤自芳詠菽乳八絕：一腐、二漿、三衣、四花、五乾、六乳、七滯、
> 八查。漿云：「醍醐何必羨瑤京，只此清風齒頰生。最是隔宵沉醉醒，
> 磁甌一吸更怡情。」衣云：「波湧蓮花玉液凝，氤氳疑是白雲蒸。素
> 衣自可調羹用，試問當壚揭幾層。」花云：「瓊漿未是逡巡酒，玉液
> 翻成頃刻花。何羨仙家多著異，靈丹一點不爭差」乾云：「世間宜假
> 復宜真，幻質分明身外身。才脫布衣圭角露，亦供俎豆進佳賓」乳
> 云：「膩似羊酥味更長，山廚贏得竇頭香。朱衣蔽體心仍素，咀嚼令
> 人意不忘。」滯云：「化身渾是坎離恩，火到瓊漿滯獨存。入口莫嫌
> 滋味淡，鹽梅應不足同論。」查云：「一從五穀著聲名，歷盡千磨涕
> 泗傾。形毀質消俱不顧，竭殘精力為蒼生。」〔註113〕

在這首《詠菽乳》詩中，即點出豆干在大常飲食中具有重要的特性，豆干是豆製品中的精華，可做為祭祀的祭品。在祭祀後，也可料理供嘉賓們食用，故豆干多出現於祭祀的節日以及宴請賓客的佳餚。能成為這兩種場合的食物，顯示出它在豆製品及日常食品中高貴的地位。

（3）豆干是饋人的伴手禮以及旅外遊子思鄉食物

大溪豆干在過去即是旅外遊子的伴手禮，在清末及日治時期，大溪地區的工人前往花蓮從事鋸松蘿的工作，就會訂大塊豆干幾十塊送人〔註114〕。除訂購豆干送人外，大溪旅外的遊子也常請托大溪人帶豆干，滿足思鄉情。大溪耆老廖明進校長提到：

> 記得大溪有位化學家陳茂源先生，他是東京大學化學科畢業……日
> 據時代他在東京做學官，光復後在臺灣大學教書；他的弟弟在大溪
> 國中教書……星期六、日他常帶著黑豆干去找他哥哥，他說他哥哥
> 非常喜歡吃黑豆干。〔註115〕

在漳州原鄉地區，在平和縣大溪鎮的江英飛先生提到，當地旅外的鄉親，回

訪江子永、江吉祥及江庭林所得。此三位為大溪鎮江寨夢筆堂理事會委員。
〔註113〕穆學稼，《堅瓠補集卷之二》。收錄於《筆記小說大觀二十三編》，臺北：新興
　　　　書局有限公司，1978年，頁5968～5969。
〔註114〕黃文秀，《大溪城上的月光》，桃園：著者發行，2010年，頁155。
〔註115〕林明德，《大溪豆腐系列文化研究》，臺北：財團法人中華民俗藝術基金會，
　　　　1999年，頁100。

到平大溪時都會採購當地的豆干，帶回他們的居住地〔註116〕。

　　在汀州地區，當地流傳的茴香豆腐干製作方法的詩文：

> 豆子磨成漿，沖入滾水湯；濾去豆腐渣，再煮滾成漿；灌入純酸醋，
> 加進小茴香；放在布帕中，壓成豆腐方；用鹽滷，日頭曬，米糖一
> 烤噴噴香；訪親當禮品，上桌是佳肴，出門作乾糧，心裡不會慌。

〔註117〕

豆干做為訪親的伴手禮，以大溪及其原鄉地區自古即有此，也印證了豆干在大溪族群的飲食中屬於高貴的食品，當作伴手禮贈送給親友是相當體面的。

（二）相異點：五香黑豆干是鎮上居民的小食

　　大溪出名的五香黑豆干在觀光業尚未發達時，即是街上居民三餐之間重要的小食，小食常用的說法是零嘴。大溪簡瑞娥女士〔註118〕，世居大溪，其祖父簡長樹，在大溪街上人稱「豆干樹」，簡長樹在大溪新南街以製作及販賣大紅豆干及豆花為業。簡瑞娥女士在十六歲之前祖父仍販賣豆干及豆花。她提到：

> 紅豆干是自己煮黑糖變稠，就是焦糖，再來煮豆干，就是紅豆干，
> 賣不完的紅豆干，用鹽醃起來，再擺放在大灶面上，讓熱氣烘乾水
> 份，才不會掉壞掉，豆干會縮小顏色變黑一點，咬起來很硬，小孩
> 子吵著要吃東西，就拿一塊給他當零嘴。〔註119〕

另江澄基先生也提到豆干遇銷路不佳時，會再以蜜糖水滷製數次，體積縮小，韌度增加，成為鎮上哄小孩子零嘴〔註120〕。

　　在《清稗類鈔》有如下的記載：

> 豆腐，以黃豆為之。造法：水浸磨漿，濾去滓，煎成，澱以鹽滷汁，
> 就釜收之，又有入缸以石膏末收之者。相傳為漢淮南王劉安所造，
> 名曰黎祁，一曰來其。既成為豆腐矣，加以醬油而煮之，即縮而硬，

〔註116〕本研究於101年7月13日在福建漳洲平和縣大溪鎮江寨村江姓宗祠夢筆堂採
　　　　訪江英飛先生所得。

〔註117〕見中國上杭網，http://www.shanghang.gov.cn/dzzw/fwbx/kejr/hcfq/kjms/200902/
　　　　t20090217_9728.htm，上網日期：101年10月15日。

〔註118〕簡瑞娥女士生於日治時期大正13年（西元1924年），見黃文秀，《大溪城上
　　　　的月光》，桃園：著者發行，2010年，頁160。

〔註119〕黃文秀，《大溪城上的月光》，桃園：著者發行，2010年，頁160。

〔註120〕江橙基，《臺灣省桃園縣大溪鎮江有源、江源記公號開台族譜》，無出版資料，
　　　　頁34。

> 曰豆腐乾。杭州天竺山市所售者，頗著名，進香之士女恆購之。至
> 日暮不售，則再煮之，曰回湯豆腐乾，質益硬，味益佳矣。余伯奇
> 嗜之，每至杭，輒購之以貽湯吉甫。吉甫亦啖而甘之，恆以爲下酒
> 物。嘗語伯奇曰：「食回湯豆腐乾而不以爲美者，眞天下之不知味者
> 也。」〔註121〕

《清稗類鈔》爲晚清著作，作著係浙江杭州人，所記的回湯豆腐乾也是浙江
地區的風味食品，由上述可以推測，大溪的黑豆干製作技法，應不是來到大
溪後，才研發出的，應屬傳統的豆干保存的技法之一，其目的應是在保存豆
干。也因回湯重煮，豆干口感又更爲堅硬，而成爲小食，與杭州地區同。

　　許多大溪街區成長的人，對於五香黑豆干仍舊保有兒時零嘴的記憶，大
溪地區耆老江宗萬曾提到早期生活條件不如現在，豆干也只有在年節拜拜的
牲醴中才看得到，更遑論把豆干當作休閒食品來品嚐了〔註122〕。本研究推測
江宗萬所指的豆干應是指大紅豆干，兩類豆干在運用的方式上，是有其不同
之處。

　　在大溪文史工作者黃文秀憶其小時，母親早餐準備有稀飯、醬菜、油條、
甜花豆、白切的原味豆腐和黑豆干沾醬油〔註123〕。其中早餐亦是準備黑豆干。
可以再看出黑豆干在日常生活的運用上，與大紅豆干略有差異。在日常飲食
上，多用於三餐間的小食及日常早餐，主要是口感稍硬，也是珍惜食物資源
的具體表現。

　　綜觀上述，大溪地區及其福建原鄉地區都有精湛且繁複的豆干製作工藝
技術，而且這樣的技術在大溪地區及福建原鄉地區的平民百姓中是許多人都
擁有的，而且都還保留一個一個完整包覆以及上色的程序；在外型上，福建
原鄉地區與桃園大溪地區尺寸變化不大，大都維持在 7～8 公分見方，厚約 2
公分上下的尺寸。而且都保有豆干印，雖豆干印的呈現方式略有不同，但仍
予以保留下來，可以看出此豆干印在民俗中具有相當重要的意義。

　　再論豆干在平民日常生活中的應用，「文化」一詞包含了三個層面：一是
物質文化，二是制度文化，三是精神文化。大溪地區豆干的飲食文化，同樣

〔註121〕徐珂，《清稗類鈔卷十四》，臺北：商務印書館，1966 年，頁 126。
〔註122〕林明德，《大溪豆腐系列文化研究》，臺北：財團法人中華民俗藝術基金會，
　　　　1999 年，頁 53。
〔註123〕黃文秀，《大溪城上的月光》，桃園：著者發行，2010 年，頁 8。

也囊括了此三層面。在物質文化層面上，豆干是居民補充蛋白質重要的食材，再加上豆干本身具有便於攜帶以及保存期間較長的特性，因而廣泛的應用在大溪地區平民日常的飲食中，也當做為饋贈親友的伴手禮，甚至是大溪街區百姓的日常小食。就制度文化層面來說，它是宴請賓客的重要食材，也在各種歲時祭祀後成為桌上佳餚，是農作忙碌後，如「起工」、「完工」犒賞員工或伙伴的美味。依著四時的運作，有規則的出現在餐桌上。就精神文化層面來說，大溪的大紅豆干及五香黑豆干可用做祭祀的祭品，尤其是可做為三牲祭品中的其中一牲，大溪地區的民眾稱此為「湊牲」，可以滿足民眾精神需求，豆干是豆製品中精華，在製作過程中一個一個完整且繁複的包覆、拆布、對豆干表面光滑的要求、染色的手續，以及豆干上皆保有豆干印，這複雜且不符合商人尋求最大利潤的生產過程，為何仍持續的存在呢？本研究以為，豆干具有祭祀時祭品的功能，為表現出百姓最大的敬意，因此對於豆干的型制便有很高規格的要求，也因豆干是「湊牲」祭品，所以也就成為祭祀後餐桌上的佳餚了。

　　一塊小小的豆干伴隨著豐富的文化內涵，本章介紹大溪及其福建原鄉的豆干製作技術以及豆干在日常飲食中的應用。在下一章將著墨於豆干現在是如何的運用於禮俗上，以完整的呈現大溪豆干飲食文化的樣貌。

第四章　大溪豆干在禮俗上的應用

在遠古生活中，民智未開，生活中所出現的困難、阻礙，各種難題考驗著漢人先民。經過長時間的歸納與演繹，漢人先民建立起一套完整的信仰系統，這套信仰系統將自然環境中的天、地，山、川、河、海、星辰及生命源頭的祖先都納入，漢人先民透過祭祀儀式，與這信仰系統的神靈、祖先神溝通，以生活中豐盛的食物饋贈，以祈求生命的福報與延續，這就「禮」的原意。而「俗」之意，《說文》的解釋是：「俗，習也」〔註1〕，意為風俗習慣，風俗習慣具有不易變動以及自發的特性。故「禮俗」的意涵，可簡單解釋為為延續生命所形成的自發性的行為規範，而這行為規範有恒常不變的特性。

漢人傳統禮俗可按《周禮·春官·大宗伯》中的五禮來做分類：

> 大宗伯之職，掌建邦之天神、人鬼、地示之禮，以佐王建保邦國。
> 以吉禮事邦國之鬼、神、示，以禋祀祀昊天上帝，以實柴祀日月星辰，以槱燎祀司中、司命、飌師、雨師，以血祭祭社稷五祀、五嶽，以貍沈祭山林川澤，以疈辜祭四方百物，以肆獻祼享先王，以饋食享先王，以祠春享先王，以禴夏享先王，以嘗秋享先王，以烝冬享先王。以凶禮哀邦國之憂，以喪禮哀死亡，以荒禮哀凶札，以弔禮哀禍裁，以禬禮哀圍敗，以恤禮哀寇亂。以賓禮親邦國，春見曰朝，夏見曰宗，秋見曰覲，冬見曰遇，時見曰會，殷見曰同，時聘曰問，

〔註1〕許慎著，段玉裁注，《說文解字注》，臺北市：藝文印書館股份有限公司，2005年，頁380。

殷覜曰視。以軍禮同邦國，大師之禮用眾也，大均之禮恤眾也，大
田之禮簡眾也，大役之禮任眾也，大封之禮合眾也。以嘉禮親萬民，
以飲食之禮親宗族兄弟，以昏冠之禮親成男女，以賓射之禮親故舊
朋友，以饗燕之禮親四方之賓客，以脤膰之禮親兄弟之國，以賀慶
之禮親異姓之國，……〔註2〕

在《周禮》中，將禮俗分爲五大類：一是吉禮，祭祀對象爲邦國的天神、地
祇與人鬼，包含有天、地、日月星辰、五嶽、四方百物與祖先，二是凶禮，
舉行的目的主要哀悼因天災、人禍造成的動蕩，這其中包含了喪禮，三是賓
禮，主要是國與國之間的外交儀節，四是軍禮，爲軍事活動方面的儀節，五
是嘉禮，是用於人際關係之間的儀節，嘉禮的儀節繁多，其中與本研究有密
切關係是出生禮。

　　上述的五禮，其目的在尋求生命的和諧與延續，其中軍禮的部份，屬國
與國之間的軍事儀節，受國際化的影響較深，而賓禮的部份，同樣也受到外
來文化的影響，此二部份儀節，現已有較大的轉變，但在吉禮、凶禮及嘉禮
的部份，仍大半保留至今。在上一章節，本研究規納出大溪豆干是原鄉的傳
統飲食記憶，它的製作方式以及在日常生活的飲食上，都透露出豆干與禮俗
之間有密切的關係。本章續採田野調查，蒐集大溪地區，豆干在禮俗運用的
實例，按吉禮、凶禮及嘉禮的分類，整理說明，並從中歸納出其豆干在上述
禮俗中運用的共通特性，並探究其原本的民俗意涵。

第一節　豆干在漢人吉禮上的應用

　　參照《周禮·春官·大宗伯》中的五禮，漢人吉禮主要祭祀天神、地祇
及人鬼，其對象包含天、地、日、月、星、辰、風、雨、山川、百嶽等，也
包含祭祖，對應於現今漢人的禮俗，屬吉禮的範疇應爲祭神，包括祭天公及
其以下所統領的各種神明以及祭祖。現今在大溪地區，豆干運用於吉禮祭祀
的場合，主要可分爲祭祖及祭神，在祭神上，又以祭祀玄壇元帥、土地公及
犒軍，運用豆干湊牲的情形最爲明顯。以下說明以豆干做爲祭品的吉禮祭祀
場合。

〔註 2〕《十三經注疏 6 周禮注疏上》〈大宗伯〉，臺北：新文豐出版公司，2001 年，
　　　　頁 733～734。

一、在祭祖上的運用

臺灣漢人深信必須誠心的崇祀祖先，務使祖先在陰間的生活舒適穩定，如此祖先以會庇護子孫，保佑全族家人。臺人也相信能於現今土地上安定的生活，也是過去祖先辛勤開墾的恩德，也是過去祖靈的保佑。這就是臺人根深蒂固的祖先崇拜。

在這樣祖先崇拜思想下，臺灣漢人必須努力的繁衍子孫，以期永遠的維持香煙於不絕，故俗曰：「不孝有三，無後為大」。也在這樣的思想下，即使先人已亡，也須「視死為生」，盡力的滿足，已亡祖靈的在陰間的生活〔註3〕。

祭祀祖先的方式，除每日朝夕燒香禮拜外，還需依每年的祥忌之日，舉辦較為盛大的祭祀儀式，而豆干在這盛大的祭儀中，也扮演重要的角色，是子孫們崇祀祖先代表物，以豆干湊牲與豬、雞所組合的三牲，做為祭祖的祭品，以下以歲時祭祖及做忌兩大部份介紹〔註4〕：

（一）歲時祭祖

大溪地區，祭祖時節有初一新正中午以米菓製品、三牲等祭品祭祖先，此三牲祭品，可用豆干湊牲的三牲〔註5〕。在元宵節除祀神外也祭祖先，祭品也可以豆干湊牲的三牲祭品。清明掃墓會準備兩副牲體來祭祀，一副祭祀后土，一副則用於祭祀祖先，在祭祖時亦會以日常所食的豐盛菜色七樣，組成祭品，稱為「撿食碗」，此七種美味菜餚有：豆干、豬頭皮、豬耳朵、雞肝、雞胗等〔註6〕。祭祖時也會搭配米粿製品，一起祭祀祖先。端午節中午，各戶敬備牲體，粽子拜神外祭祀祖先。中元節時除普渡孤魂野鬼外，也敬備三牲酒醴祭祖。除夕之日，同於新正以米菓製品、三牲等祭品祭祖先。上述提到的各種祭祀祖先的活動，都可用豆干湊牲的三牲來祭祀。

〔註3〕鈴木清一郎著、馮作民譯，《增訂臺灣舊慣習俗信仰》，臺北：眾文圖書股份有限公司，1989年，頁7～9。

〔註4〕祭祖的禮俗在祖祠中的祭祀屬吉禮，另墓祭屬凶禮，但考慮行文的流暢性，本研究在吉禮中一併介紹。

〔註5〕本研究於100年10月12日在大溪鎮楓樹邱家，採訪邱連克雲女士所得。

〔註6〕本研究於100年10月12日在大溪鎮楓樹邱家，採訪邱連克雲女士所得。

圖4-1　大溪美華公墓簡華泰派下子孫掃墓祭品

圖片說明：供桌上備有以豆干湊牲的三牲祭品、米粿、發粿、撿食碗，共七碗及酒醴、
　　　　　鮮花、素果，祭祀祖先。

圖片來源：筆者自攝，2012.3.25，大溪鎮美華公墓。

（二）做忌

在《臺灣風俗誌》中有提：「每年『做忌』とて死者の死亡せし月日に祭
りを行ふも甚だ盛ならず」〔註7〕。另鈴木清一郎曰：

> 「合爐」後的第一次忌日，就叫做「做新忌」，從此就每年都在這一
> 日祭祀。……而漳州人是以滿三年「合爐」後的第一個忌日爲「做
> 新忌」，也就是死後的第四年，這一天要全體子孫上供祭祀。〔註8〕。

在上述的說明中，可以瞭解「做忌」意爲在祖先死亡之日祭拜。在大溪地區，
爲祖先做忌的儀式如片崗嚴所述，儀式簡單，以三牲酒醴供奉於祖先牌位前，
而此三牲包含豬、雞、豆干，也常用蛋、魷魚，來湊牲〔註9〕。晚近以來，也
逐漸將各祖先的忌日合在一日祭之，稱之爲「做總忌」。做總忌之日也多選在
重陽。而做總忌的儀式也未有明顯的不同，亦是準備以豆干湊牲的三牲及酒
醴，祭祀祖先〔註10〕。

二、祭祀玄壇元帥

大溪地區祀奉玄壇元帥的廟宇有二，一是內柵的仁安宮，主祀爲玄壇元

〔註7〕片崗嚴，《臺灣風俗誌》，臺北：臺灣日日新報社，1921年，頁45。

〔註8〕鈴木清一郎著、馮作民譯，《增訂臺灣舊慣習俗信仰》，臺北：眾文圖書股份
　　　有限公司，1989年，頁343。

〔註9〕本研究於100年10月12日在大溪鎮楓樹邱家宅，採訪邱連克雲女士所得。

〔註10〕本研究於100年10月12日在大溪鎮楓樹邱家宅，採訪邱連克雲女士所得。

帥及大溪福仁宮，玄壇元帥屬同祀神的地位。內柵仁安宮在清同治十一年（1871 年）前，即以立廟〔註 11〕，所祀玄壇元帥，爲清道光二十六年（1864年）福建人士游番由原鄉攜來於內柵地區立廟奉祀〔註 12〕。福仁宮位於大溪街區，立廟於清嘉慶十八年（1813 年）〔註 13〕，此二地區皆是漳州籍詔安、平和及南靖地區移民主要居住地，而玄壇元帥有一說爲南靖地區的鄉土保護神〔註 14〕，大溪地區的簡氏及內柵的李氏多由南靖地區遷來，故在其居住地奉祀玄壇元帥，自是可以理解，又大溪街區的福仁宮在其十姓輪值序中，簡氏排名第四，顯見來自福建省南靖地區的簡氏也有其不弱的影響力，也所以在福仁宮建廟之初，即迎玄壇元帥同祀。

玄壇元帥俗稱趙玄壇、玄壇爺，又名銀主公王。爲道教神明，是虛構人物，根據道教的說法，其本名趙朗，字公明，秦朝時，避居山中，虔誠修煉。至漢代爲張天師弟子，天師命其守護玄壇（案：爲道教齋壇），天帝封他爲「正一玄壇元帥」。玄壇元帥的形象多變，在晉代干寶的《搜神記》中，他以冥神的形象出現，到明代，又成爲八部鬼帥之一，率領一大幫魑魅魍魎，在人間作惡，後由太上老君收服。在《封神榜》中，他助紂爲虐，終雖一死，但受封爲「正一龍虎玄壇眞君」，手下還掌管招寶、納珍、招財、利市四神，主要掌管「迎祥納福」，至此玄壇元帥從邪神、鬼神、瘟神轉變成財神。〔註 15〕

內柵仁安宮訂每年三月初二爲元帥千秋聖誕慶典日（當日實爲玄壇元帥忌日）〔註 16〕。當地人士在元帥千秋日多備三牲酒醴祭祀，其三牲爲豬、雞、豆干所組成。

〔註 11〕陳桂培，《淡水廳志》，南投：臺灣文獻委員會，1993 年，頁 153。原文爲「元帥廟，在大姑嵌內柵庄」，筆者案，應爲內柵庄。

〔註 12〕仁安宮重建委員會，《內柵仁安宮重建廟誌》，桃園，仁安宮重建委員，2007年，頁 6。

〔註 13〕福仁宮管理委員會，《大溪福仁宮沿革簡介》，桃園：福仁宮管理委員會，2002年，頁 6。

〔註 14〕福仁宮管理委員會，《大溪福仁宮沿革簡介》，桃園：福仁宮管理委員會，2002年，頁 6。其原文爲「……爲方便居民朝拜開漳聖王、三官大帝建『福仁宮』，並將『仁和宮』鎮殿尊（俗稱二王公）恭請臨駐本宮鎮殿外，由居民渡海來台隨身恭請之永定縣定公古佛，南請（筆者案：應爲靖）縣玄壇元帥。……」，故玄壇元帥應爲南靖縣的鄉土保護神。

〔註 15〕馬書田，《全像中國三百神》，臺北：新潮社，2007 年，頁 138～139。

〔註 16〕仁安宮重建委員會，《內柵仁安宮重建廟誌》，桃園：仁安宮重建委員會，2007年，頁 7。

圖4-2　大溪內柵仁安宮玄壇元帥聖誕千秋祭品

圖片說明：供桌上備有以豆干湊牲的三牲祭品，用於祭祀玄壇元帥。

圖片來源：筆者自攝，2011.3.25，大溪內柵仁安宮。

三、祭祀土地公

中國漢人祀土地的習俗源自於祭社，上古已有《毛詩‧小雅》〈甫田之什〉：「以我齊明，與我犧羊，以社以方，我田既臧，農夫之慶。琴瑟擊鼓，以御田祖。以祈甘雨，以介我稷黍，以穀我士女」，傳箋：「箋云：『以絜齊豐盛與我純色之羊，秋祭非與四益，爲五穀成熟，報其功也』」。孔穎達疏：「鄭駁異義引大司徒五地之物云：『此五土地者，土生萬物，養鳥獸草木之類，皆爲民利，有貢稅之法，王者秋祭之以報其功，是祭社亦在秋也。』」〔註17〕社爲后土，滋生萬物，爲民有利，故祭社之意，在報其功。

土地公原具有農業神的形象，而後擴展到其它職業的群眾也崇祀土地神，如：商人、土木工程、包工工人、礦工、屠宰業、漁夫等。祭祀土地公的時機相當廣泛，如：做牙、農作的收成，工程起竣、廟會慶典活動前及掃墓等。所謂「做牙」原是指每月的朔望，爲土地公舉行盛大的祭典，而商人則在每月的初二及十六祭祀土地公，在大溪地區祭祀土地公最盛大祭典在2月2日的頭牙及8月15日的中秋節，其俗源自於過去的春祈秋報。另在農事收成刈稻初始的「起工」及收割完成的「完工」皆有祭祀土地公的活動〔註18〕，而在工程起竣、

〔註17〕《十三經注疏4毛詩正義中》，〈毛詩‧小雅‧莆田之什〉，臺北：新文豐出版公司，2001年，頁1291～1294。

〔註18〕本研究於101年1月23日在大溪鎮楓樹腳邱家，採訪邱創濯先生所得。但邱創濯所述爲插秧後要拜土地公，稱「完工」，收冬（收成）稱「起工」。根據

廟會活動前及掃墓時祭祀土地公，其目的在祈求土地公保祐活動順利或保護先
人。在大溪地區，祭祀土地公習以豆干湊牲之三牲酒醴祭祀。

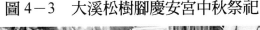

圖4－3　大溪松樹腳慶安宮中秋祭祀

圖片說明：供桌上備有以豆干湊牲的五牲祭品，用於祭祀土地公。

圖片來源：筆者自攝，2011.9.12，於大溪松樹腳慶安宮

圖4－4　大溪尾寮公墓掃墓祀后土

圖片說明：大溪習俗掃墓時用豆干湊牲的三牲酒醴祭祀后土。

圖片來源：筆者自攝，2012.3.25，於大溪尾寮公墓。

增田福太在《臺灣の宗教》所述，在收割初始，需備三牲酒醴祭拜土地公，
稱為「起工」，收割終了日仍需祭祀福德，稱為「完工」。見增田福太，《臺灣
の宗教》，東京：東京株式會社養賢堂，1939年，頁138。

四、犒軍

　　犒軍即犒賞神兵，所謂「神兵」係指附屬於主神的神兵，全軍分為東、西、南、北與中央五營，都有神將負責指揮，東營由張公（即法主公）統帥、西營由劉公指揮、南營由蕭公負責、北營由連公領導，中央部隊的中營有大將軍中壇元帥坐鎮，負責指揮全軍五營部隊。神兵附屬於主神象徵主神統帥三軍的神兵，鎮壓驅逐邪靈疫鬼〔註19〕。

　　犒軍祭禮若是一般民眾多於每月初一和十五舉行，若是商家或工廠則多在初二及十六舉行。在過去大溪地區平民在犒軍時多以豆干祭祀〔註20〕。另大溪重要的廟宇慶典活動也會舉行犒軍，如每年定期舉行的普濟堂關聖帝君繞境活動或是廟宇齋醮活動時也有犒軍活動。而大溪地區居民會以豆干湊牲的三牲為祭品犒軍。

圖 4-5　大溪仁和宮慶成福醮犒軍祭品

圖片說明：大溪重要慶典活動前舉行的犒軍儀式，會以豆干湊牲的三牲為祭品。

圖片來源：筆者自攝，2011.7.1，於大溪埔頂仁和宮。

第二節　豆干在漢人凶禮上的應用

　　古時漢人凶禮有五，喪禮、荒禮、弔禮、禬禮及恤禮，用於哀祭死亡、遇凶年五穀不豐或遭遇火火之災、或國被禍敗、或遇寇亂。基本上凶禮所祭不離死亡。而豆干在凶禮上的運用，可以喪禮、祭厲、及避煞改運等三方面來探討：

〔註19〕鈴木清一郎著、馮作民譯，《增訂臺灣舊慣習俗信仰》，臺北：眾文圖書股份
　　　　有限公司，1989 年，頁 24；增田福太，《臺灣の宗教》，東京：東京株式會社
　　　　養賢堂，1939 年，頁 92～93。

〔註20〕本研究於 100 年 10 月 12 日在大溪鎮楓樹邱家宅，採訪邱連克雲女士所得。

一、豆干在喪禮中的運用

以下由喪禮初始至終止，分別介紹豆干在其間的運用。

（一）開魂路

在亡者即將斷氣或已斷氣時延請僧道誦經，此一活動稱「開魂路」其目的讓亡者靈魂知道自己已死亡，並讓亡者的靈魂走上通往陰間的道路〔註21〕。在開魂路時，牲體須準備三份，其中兩份以豬、雞、豆干組成三牲，另一份是以豬、鴨、豆干組成三牲，一般開魂路的過程大略為請神（以佛教禮俗則為請佛祖），提示亡者前來聽經，指引通往陰間的道路，在開魂路的尾聲，則焚燒庫錢，給亡者陰間的貨幣，以供使用。所準備的三份牲體，其中以豬、雞、豆干所組成的三牲，分別祭祀神明（佛祖）及亡者，另一份以豬、鴨及豆干所組成的三牲，則用來壓庫，其意為保全庫錢，交付亡者〔註22〕。

（二）壽願

即「辭願」、「謝願」，即為亡者將過去向神明所許之願且尚未還願的各種願望辭還，以免失信於神明。而開功時須準備三牲酒醴及糖果餅乾，此三牲酒醴亦以豆干湊牲，大約三至四副〔註23〕。

（三）豎靈

所謂豎靈，即是臨時為死者設的靈位，其方式是在正廳的一角放一桌子，桌子上供「魂帛」與「桌頭嫺」，桌頭嫺立於魂帛的兩側，並供香爐和油燈各一座。這就是靈桌〔註24〕。喪家除為亡靈捧飯外，仍需二至三日為期一次，為靈桌嫺準備白飯及豆干，以小茶杯盛滿白飯，上放置豆干切片一小片，插上竹筷，祭祀靈桌嫺。

〔註21〕臺灣大百科全書，網址：http://taiwanpedia.culture.tw/web/content?ID=11634，上網日期：102年2月4日。

〔註22〕本研究於102年1月28日在大溪鎮復興路26路全民生命禮儀公司，採訪簡進祿先生所得。

〔註23〕本研究於102年1月28日在大溪鎮復興路26路全民生命禮儀公司，採訪簡進祿先生所得。

〔註24〕鈴木清一郎著、馮作民譯，《增訂臺灣舊慣習俗信仰》，臺北：眾文圖書股份有限公司，1989年，頁337。

圖4－6　桃園八德溪尾黃家靈桌嬸供飯

圖片說明：靈桌嬸前供白飯加一小片豆干，予靈桌嬸食用。本圖雖爲八德之喪家，爲
　　　　靈桌嬸供飯之例，但負責此喪葬事宜者，爲大溪地區殯葬業者簡進祿，據
　　　　簡先生所述，在大溪地區喪家亦以相同方式爲靈桌嬸供飯。

圖片來源：筆者自攝，2012.1.30，八德溪尾黃家。

（四）做七

臺灣漢俗亡者自始死日起，每七日一祭亡者，日做七，死後的第七日，
稱爲「首七」或「頭七」，逐次稱爲「二七」、「三七」、「四七」……至「七
七」稱爲「滿七」〔註 25〕。漳、粵二籍的做七的習俗後來結合佛教的十殿
閻王信仰，在做七的活動中有祭祀十王的儀式，稱爲「過王」。「過王」者，
過冥府十殿明王也，蓋其俗相信人死靈魂必歸陰府審判其生前之是非善
惡，由第一殿迄第十殿，每殿有一明王司之，亡人須循序過十殿。漢俗又
將百日、小祥、大祥結合七七共十節，附會十殿。謂頭七過第一殿、二七
過第二殿、以下類推，至大祥而過第十殿，亡人子孫唯恐先人在世有不德
而將受地獄之苦，乃於做七詣明王時，另備一香爐及牲醴金紙等虔敬供之，
以求寬宥，或更延僧尼誦經薦拔，必祈亡靈能順利過殿，因名之「過王」〔註

〔註25〕徐福全，《臺灣民間傳統喪葬儀節研究》，臺北：作者，1999 年，頁 429。
〔註26〕徐福全，《臺灣民間傳統喪葬儀節研究》，臺北：作者，1999 年，頁 433～434。

26〕。而做七儀式的尾聲，同樣爲亡靈焚燒庫錢，以供亡靈在陰間花用。

做七時祭拜十殿明王及亡靈的牲醴，同樣由豬、雞、豆干組成，而用豬、鴨、豆干所組成的三牲，則用於壓庫錢。

（五）出山功德

臺灣漢俗葬前一日所做之功德，稱「出山功德」。其儀式根據鈴木清一郎所著之《臺灣舊慣習俗信仰》所述，做功德之義，係子孫以死者之名施行功德，藉以爲死者贖罪業，方法就是請烏頭司公來（道士）超渡、祭祀以及做法事。其儀式較複雜隆重。今以午夜爲例，其儀從下午三點至第二天上午十點，程序有發關、請神、安灶、安監齋、召魂、開懺、請祖、打地獄、過橋、做靈偈、請經、七獻、還庫、過王、擔經、謝祖、謝神等〔註27〕。

在出山功德的儀式中，也相同需供三牲，如發關、召魂、請祖、還庫、過王、謝祖、謝神程序。此程序中所供三牲，皆以豬、雞及豆干所組成之三牲以供祭祀，還庫所供三牲，則以豬、鴨、豆干，所湊之三牲祭祀。其意如做七的壓庫〔註28〕。

若亡者係死於非命，即枉死者，如車禍、意外者，在出山功德時需另做打枉死城。則另需準備小三牲，由豬肉一小塊、豆干一小塊、及蛋一顆祭祀；因水而死，則需另做牽水（車藏），需準備小三牲如上述，及含頭香蕉一棵〔註29〕。

早期做功德的時間相當的長，上述係屬午夜，由下午三點至隔天中午十點，程序中，休息時間喪家亦會備有點心，以鹹粥佐以豆干爲配料，做爲點心，供家屬及道士食用〔註30〕。

（六）家祭

出殯日，葬禮時辰一到，先行轉柩，而後進行家祭，家祭時需以五牲醴

〔註27〕鈴木清一郎著、馮作民譯，《增訂臺灣舊慣習俗信仰》，臺北：眾文圖書股份有限公司，1989年，頁337。

〔註28〕大溪南興簡氏李夫人出山功德的召魂儀式中，即以豬肉一塊、全雞一隻及豆干三塊組成的湊牲牲醴，祭祀亡者，以召其魂至法事會場。

〔註29〕本研究於102年1月28日在大溪鎮復興路26路全民生命禮儀公司，採訪簡進祿先生所得。

〔註30〕本研究於102年1月28日在大溪鎮復興路26路全民生命禮儀公司，採訪簡進祿先生所得。

祭，由喪家子孫自行準備一副五牲酒醴，出嫁的女兒一副及外家一副，每一副五牲大醴，需配上一瓶酒〔註31〕。在早期進行家祭時，所準備的五牲酒醴，其內容物多為豬頭（含豬尾）、全雞、全鴨、豬肝、豬肉、魚、魷魚、蛋，也可搭豆干〔註32〕，形成五牲，另備有漢席桌。此五牲酒醴的祭祀係以亡者為對象，俗諺：「欲食豬頭肉，只有死給女兒看」，亦或云：「在生一粒豆，卡死後拜豬頭。」

（七）排路祭

根據鈴木清一郎所述「路祭」原意為以前受死者恩惠的人，為感念他的大恩大德，就在他的送葬行列通過的路旁，擺上桌子、供上牲體，當送葬的行列通過時，點燭上香燒銀紙祭拜〔註33〕。大約於民國五、六十年間，路祭的風俗已有改變，有一些有些乞丐，見路上有喪葬隊伍經過，準備久放豬肉、豆干、蛋等，組成小三牲祭祀亡者，其目的在於乞討，而喪家需要給予紅包致意。近四十年來已不再見到此種現象〔註34〕。

（八）祭后土

祀后土亦稱孝土地公，在正式的墳墓旁立有「后土」的石碑，其目的是請土地公守護這塊土地〔註35〕。祭后土會準備以豆干湊牲的三牲一副祭祀。

（九）呷大頓

亦稱「散情」，是指返主後，把牌位迎回家，要用事先準備好的酒席，招待抬棺材的人和樂隊等以及其他直接幫忙送葬的人〔註36〕，同時洗淨驅邪求福。在過去，家祭時的準備的豬頭五牲會以豆干湊牲，返主後的散情，便會

〔註31〕本研究於 102 年 1 月 28 日在大溪鎮復興路 26 路全民生命禮儀公司，採訪簡進祿先生所得。

〔註32〕本研究於民國 102 年 2 月 5 日於大溪鎮和平路 111 號採訪陳崑龍先生所得，民國 100 年 7 月 27 日於大溪埔頂藍家採訪藍薪傳先生所得。

〔註33〕鈴木清一郎著、馮作民譯，《增訂臺灣舊慣習俗信仰》，臺北：眾文圖書股份有限公司，1989 年，頁 327。

〔註34〕本研究於民國 100 年 7 月 27 日於大溪埔頂藍家採訪藍薪傳先生所得。

〔註35〕鈴木清一郎著、馮作民譯，《增訂臺灣舊慣習俗信仰》，臺北：眾文圖書股份有限公司，1989 年，頁 328。

〔註36〕鈴木清一郎著、馮作民譯，《增訂臺灣舊慣習俗信仰》，臺北：眾文圖書股份有限公司，1989 年，頁 329。

以此豬頭五牲，爲食材料理。故早期的散情多會有豆干的料理〔註37〕，大溪
耆老陳崑龍先生提到參加某人的喪事，即稱：「吃某人的豆干菜」。在今日大
溪地區，返主後的散情，多由外燴辦理，並依參加散情宴的人數多寡，來決
定家祭時的豬頭五牲的數目。唯現今家祭時準備的豬頭五牲，較少以豆干來
湊牲，故較不易見到散情宴中有豆干爲食材的料理〔註38〕。

（十）百日、對年、三年

漢人的做百日之俗，就是人死後一百天的祭祀。如果是有錢人家，要
請和尚或道士來家裡，舉行盛大的供法會。至於貧窮人家那就簡單了，在
靈前子孫祭拜哭號。而對年之俗，就是死後一週年祭祀。這時死者出嫁的
女兒，都必來供奉牲醴祭祀。如果是有錢人家，還要請和尚唸經〔註39〕。
對年即爲小祥祭，臺灣私法曰：「臺灣亦有小祥儀式，俗稱『做對年』」〔註
40〕，三年祭即兼具古時喪禮之大祥與禫祭之功能〔註41〕。其意在除服脫孝
變紅合爐。三年祭選日，依臺灣通史所記：「大祥以二十四月爲期。而臺人
有計閏扣除者，謂死者無聞。」爲原則。大溪地區漢人風俗由日師於對年
後，再行擇日。百日、對年及三年，結合過王習俗。其牲醴的準備，同於
做七，亦是牲醴三副，一副崇祀亡者，一副用於過王，祈求十殿閻王赦罪，
一副用於壓庫。

二、豆干在祭厲上的應用

在漢俗中，厲鬼即惡鬼，《春秋左傳・昭公七年》載：「鬼有所歸，乃不
爲厲」〔註42〕，意謂人死之後，若有所歸，可享煙祀，即不爲厲。故未有後

〔註37〕　本研究於民國102年2月5日於大溪鎮和平路111號採訪陳崑龍先生所得，
　　　　　民國100年7月27日於大溪埔頂藍家採訪藍薪傳先生所得。

〔註38〕　本研究於102年1月28日在大溪鎮復興路26路全民生命禮儀公司，採訪簡
　　　　　進祿先生所得。

〔註39〕　鈴木清一郎著、馮作民譯，《增訂臺灣舊慣習俗信仰》，臺北：眾文圖書股份
　　　　　有限公司，1989年，頁339。

〔註40〕　臨時臺灣舊慣調查會著，陳金高譯，《臺灣私法第二卷》，南投：臺灣省文獻
　　　　　委員會，1993年，頁49。

〔註41〕　徐福全，《臺灣民間傳統喪葬儀節研究》，臺北：作者，1999年，頁468。

〔註42〕　左秋明傳、杜預注、孔穎達正義，《春秋左傳正義・昭公》，臺北市：臺灣古
　　　　　籍出版有限公司，2001年，頁1436。

人祭祀者，便爲厲鬼。中國人對於厲鬼，存有敬畏之心，以避免其爲亂。故早期各地設有厲壇，祭厲更爲官方重要祭典。漢人的喪禮在返主之前可視爲凶禮，在點王爲主之後，亡魂有了歸宿，入於木主，由鬼魂成爲祖先，此後的祭祀視爲吉禮。而厲鬼因無人祭祀，無法享有煙祀，並未成爲後代的祖先，可視爲凶禮。

大溪地區漢人重要的祭厲風俗有中元普渡、搶孤及無主家神祭祀。以下介紹豆干在此三種祭祀活動中的運用。

1、中元普渡

普渡可分爲公普及私普，公普是以該地的廟宇爲核心，村落居民同一天，至寺廟參加普渡祭典。而私普，是私人進行的普渡，同一村莊或有聯繫的團體，自行辦理自己的普渡，並不以地方寺廟爲核心。普渡的目的是施食各界餓鬼，俗信假如供品太少而不能讓餓鬼吃飽，或做的飯菜太壞，那餓鬼們就會作祟，或讓家人們生病或危害所養的家畜〔註43〕。

大溪地區漢人進行普渡活動，先進行慶贊中元的儀式，再進行普渡活動。而普渡時祭品，除有以豆干湊牲的三牲或五牲酒醴外，尚有豐盛的山珍海味、粿品。

圖4－7　大溪第一公有零售市場普渡法會

圖片說明：大溪地區私普——市場普祭品，以豬、雞、豆干組成三牲爲祭品祭祀。

圖片來源：筆者自攝，2011.7.31，於大溪第一公有零售市場。

〔註43〕鈴木清一郎著、馮作民譯，《增訂臺灣舊慣習俗信仰》，臺北：眾文圖書股份有限公司，1989 年，頁 588～589。

圖4-8　大溪蕃仔寮瑞源宮公普法會

圖片說明：大溪瑞源宮中元普渡，居民以豬、雞、鴨、魚及豆干所組成的五牲牲醴普
　　　　　渡孤魂。

圖片來源：筆者自攝，2011.8.10，於大溪蕃仔寮瑞源宮廟埕。

2、搶孤

　　搶孤活動是漢俗中元普渡中的重頭戲，在公普當日，除進行各種祭典外，在廟宇前的空地上會搭設孤棚，各家都競相來孤棚排列三牲、五牲、粿、飯、漢席、豎碟等山珍海味。甚至將全豬、全羊、全雞、全鴨等肉食，做成肉山，敦請和尚或道士唸經賑濟孤魂。據說，如孤魂野鬼吃不好，就會作崇危害人們，所以道士需施展法術，將供物化食為數倍，招待孤魂餓鬼，以免觸怒他們而招來災殃。在普渡法會結束後，群眾一擁而上搶孤棚上的供品及上頭插的紅旗，俗信搶得到這些供品與紅旗，一年之中都會得到幸運〔註44〕。

　　大溪地區在早期亦有辦理搶孤的習俗，近五十年已停辦。在明治三十年8月19日《臺灣新報》的〈盆會遇雨〉中描述了大溪地區的搶孤風俗，

> 舊曆七月旬日及十一、十二日係大料崁蘭盆勝會之期，俗謂之「做
> 中元」是也，向來未遭兵燹。會期一屆，家家結彩，戶戶張燈，值
> 年爐主仝首士等，在廟內延僧修做道場二天。值事者誠敬可挹，誦
> 經者舞蹈可觀。旬之夕，燈排遮道、鼓樂喧天，遊街畢放於河面，
> 名曰「放水燈」。迨十一晚普祭孤魂，但見花果則滿目，生新（筆者
> 案：犧牲）豕羊則眾志，致敬外，或再備食一簞、牲一付、果品雜

〔註44〕鈴木清一郎著、馮作民譯，《增訂臺灣舊慣習俗信仰》，臺北：眾文圖書股份
　　　　有限公司，1989年，頁592～593。

物，置於棚上。祭畢，聽土人競相爭取，名之曰「搶孤」。惟紙製一大士像，主普者列械護衛，不許土人奪焉。〔註45〕

在早期辦理搶孤活動時會以特製的大豆干做為搶孤的祭品。在大溪福仁宮沿革簡介：

次日由各斗首隨黑頭司公敬拜發表、作敬、發陰陽兩磅等儀式，是夜由爐主備設孤坪，由眾信提供孤飯及金銀紙經衣等以備善施，並另設乙所高樓孤坪在大士爺邊供搶孤用，據聞高樓孤坪頂面放置特製大溪名產豆干，如果搶的豆干保留原型不損者可受獎。〔註46〕

另本研究訪問黃日香豆干的黃建泰曾說：

說到大豆乾，在民國35年左右，還有製作5個一尺見寬的豆乾供福仁宮廟會活動搶孤用，原因是因為當時我阿公黃伯鴻先生，被日本人徵召當軍伕，一度傳出陣亡的消息，當時我的曾祖母（案：黃邱露）到福仁宮發願，若阿公回來，願意做大豆乾還願，後來在當年吃年夜飯時，阿公（案：黃伯鴻）回來了，曾祖母為了還願，製作大豆乾供搶孤用。〔註47〕

顯見大溪豆干在當時是孤棚上重要的祭品，而這豆干其大小尺寸，遠較現今市售大溪紅豆干及黑豆干的尺寸為大，且大上數倍，其尺寸大小說明，大豆干在此祭典中具有隆重的地位，而其祭祀的對象是無主的孤魂。

3、無主家神祭祀

　　漢俗所謂無主家神源自於中國漢人的幽靈崇拜，指的是無主的孤魂和厲鬼，這些人鬼或因水死、刑死、或其它方式橫死，死後沒有資格接受人帝或天帝敕封，只能空自在陰間徬徨遊蕩，而經常對陽間的人作祟〔註48〕。對於這些無主的孤魂與厲鬼，漢人會將其中收祀於「萬善同歸」或「無嗣陰公」；或有專祠祭祀，主祀神為地藏王，配祀大眾爺，收祀無主孤魂，此類專祠，稱為「大眾爺廟」〔註49〕。

〔註45〕引自林正芳，《頭城搶孤：歷史、祭典與工藝》，宜蘭：宜蘭縣立蘭陽博物館，2011年，頁26。
〔註46〕福仁宮管理委員會，《大溪福仁宮沿革簡介》，桃園：簡瑞仁，2002年，頁13。
〔註47〕本研究2009年11月03日於黃日香本店訪問黃建泰先生所得。
〔註48〕鈴木清一郎著、馮作民譯，《增訂臺灣舊慣習俗信仰》，臺北：眾文圖書股份有限公司，1989年，頁22。
〔註49〕鈴木清一郎著、馮作民譯，《增訂臺灣舊慣習俗信仰》，臺北：眾文圖書股份有限公司，1989年，頁600。

　　在大溪地區祭祀無主孤魂的陰祠，如永福里的「忠烈祠」、美華里的「靈應萬善同歸」、福安里的「福安公媽碑」及最有名的尾寮大墓公。依大溪習俗，祭祀無主孤魂亦用豆干湊生的三牲或五牲爲祭品。

圖4-9　尾寮大墓公祭祀祭品

圖片說明：尾寮大墓公係日治昭和十一年（1936年）日本政府將原設於大溪公園的數
　　　　　處萬善祠收祀的無主骸骨移往尾寮，建成大墓公繼續收祀。圖中係清明尾
　　　　　寮大墓公辦理超渡法會，以豆干湊牲的五牲祭品，祭祀大墓公所收祀的先
　　　　　靈。

圖片來源：筆者自攝，2011.4.3，於大溪美華里。

圖4-10　靈應萬善同歸祭祀祭品

圖片說明：靈應萬善同歸係祭祀無主孤魂，其祭祀祭品也多用豆干湊生的三牲。

圖片來源：筆者自攝，2011.4.3，於大溪美華里。

三、在避煞、改運禮俗上的應用

漢人所謂的「煞」多指「壞的事物」，包含沖煞、妖氛、污穢、凶惡等要素。一般煞的起因多是邪靈作祟所致。而除煞的方式可有割鬮、謝外方、跳鍾馗、祭天狗、送白虎、或安龍神的方式。

在大溪地區，漢人除煞可由紅頭道士或巫覡來辦理，巫覡可透過和邪靈溝通，視邪靈的需要，準備以豆干湊牲的三牲或小三牲為祭品，祭祀邪靈或滿足其需求，請邪靈離開，達到回復正常的目的〔註50〕。

第三節　豆干在漢人嘉禮上及其他禮俗上的運用

在漢籍文獻的《周禮》中提到，「以嘉禮親萬民」，嘉禮之下又分飲食之禮、冠昏之禮、賓射之禮、燕享之禮、震膰之禮及賀慶之禮，可見嘉禮可視為調和人際關係的各種禮儀。豆干在嘉禮中如何應用，將於本節中探討。另豆干在其他禮俗上的應用，係指無法歸類於五禮，但存在於大溪地區漢人生活歲時中的禮俗，本節第二段介紹豆干在新正早齋及廟會打齋上的應用。

一、豆干在小兒關煞中的應用

小兒關煞泛指在成長過程中，小孩們難免會遇到一些危險及急難〔註51〕。這些關煞可由小孩的八字得知，小兒關煞種類繁多，各有避煞方法，若無避煞方法，則需特別注意。其中以下關煞，其避煞方式會運用到豆干。

（一）白虎關

一生多血光之災，須防失跌，高空險處小心，尤其女命，生產要特別小心，以免母子喪亡。出麻疹小心。現有預防針種，多注意可保平安。

（二）鐵蛇關

出痘疹時須注意，未出前宜祭化，運行背逆之運限時，須防舟車血之災。

〔註50〕本研究在 102 年 1 月 27 日於大溪鎮美華北巡宮訪問林俊先生所得。
〔註51〕馬以工，《中國人的生命禮俗·嘉禮篇》，臺北：十竹書屋，1992 年，頁 138。

（三）天狗關

犯者天狗食日，皆不可看，出生四十日內，不利外出遠行，也不可行夜路，以保一年四季平安，防血光，破相災，可保平安〔註52〕。

（四）水火關

要時常注意水火滾湯、廚房內勿近、水邊、火邊勿近，需祭水關、火關及車厄〔註53〕。

上述小兒關煞的處理方式，除遵照各關煞需留意的事項外，另可延請紅頭道士祭改，以小三牲祭祀〔註54〕，以期渡過各種關煞，小三牲的組成有豬肉一小塊、雞蛋一顆及豆干一塊。

二、豆干在其他禮俗上的應用

（一）新正早齋食用豆干

豆干在漢人歲時禮俗上的運用，最重要的例子是大年初一早齋上的運用。大年初一食用早齋的禮俗，大年初一不動刀，不殺生的習慣在臺灣地區是非常普遍的，《臺灣通史》有如下的記載：

> 元旦，各家先潔室內，換桃符，鋪設一新。三更後，開門祀神，燃華燭、放爆竹，謂之開春。次拜長上，晉頌辭。出門訪友，投刺賀。見面，道吉祥語。客至，饗以甜料檳榔，一品即行。親友之兒女至，以紅線串錢贈之，或百文、數十文，謂之「結帶」。是日各家皆食米丸，以取團圓之意。或絕葷，祀井門。爆竹之聲，日夜不絕。〔註55〕

在過去大年初一是全日吃齋，目前已演變為早齋。大溪地區漢人一樣也保留了這項習俗，唯大溪地區漢人在這項禮俗中有一重要的特色，是必須吃豆干。本研究實地採訪了，大溪楓樹腳邱家（原籍福建漳州府詔安〔註56〕），大年初

〔註52〕臺灣大百科全書，網址：http://taiwanpedia.culture.tw/web/content?ID=11550，上網日期：102年2月5日。

〔註53〕本研究於民國102年2月5日於大溪鎮和平路111號採訪陳崑龍先生所得。

〔註54〕本研究於民國102年2月5日於大溪鎮和平路111號採訪陳崑龍先生所得。

〔註55〕連橫，《臺灣通史》，臺北：臺灣銀行經濟研究室，1959年，頁598。

〔註56〕本研究於民國100年10月17日於大溪社角採訪邱家渠先生所得。就其答覆其家族為漳州詔安縣人，本研究依其昭穆序法，「文章華國、詩禮傳家、創垂顯奕、繼述藏嘉……」推測其為詔安縣邱家安伯順公派下子孫，為詔安縣秀篆鎮人，屬詔安客族群。

一早齋食用的內容，包含豆干、芹菜、波菜、花生、芥菜及醬油等，共六碟，配合乾飯食用，其蔬菜的料理方式，相當的清淡，僅以水氽燙，不加任何的調味。在大溪除楓樹腳邱家外，另筆者訪問大溪內柵簡華泰公號派下子孫簡元章先生也提及大年初一早齋也有用豆干的習俗，豆干的吃法同為切片吃，沾醬油，也有波菜〔註57〕。

圖4－11　大溪楓樹腳邱家大年初一早齋食用物

圖片說明：有豆干、芹菜、波菜、花生、芥菜及醬油等六碟食物。

圖片來源：筆者自攝，2011.1.29，大溪楓樹腳。

就族群遷移的角度來看，大溪地區漢人大年初一早齋的風俗，也與原鄉風俗有關。在《平和縣志》中記載：「農曆正月初一為『春節』，俗稱『過年』……早餐習用素食，菜餚有菠菜、韭菜、芥菜、（整株煮的）、烏豆、豆腐等，俗稱食『長年菜』」〔註58〕。陳榮翰提到在閩西南地區漢人仍保留著大年初一吃早齋古老傳統，其食用物的內容大多吃紅棗、花生、桂圓肉、蓮子、冬瓜糖做成的八寶飯或甜線麵湯，或素油炒的韭菜、菠菜、芹菜、烏豆、豆腐等〔註59〕。更往上源，來到上杭，客家風俗大年初一會要求孩子吃豆腐，以求將來發財致富〔註60〕，而在臺灣的客家人，在大年初一的早上也要先拜祖先，早餐要吃芹菜、豆腐干，桔子等以象徵勤儉立家、升官、諸事吉利，桌面的菜，不可吃淨，以示有餘。〔註61〕

〔註57〕本研究於民國101年3月25日於大溪美華公墓採訪簡元章先生所得。
〔註58〕平和縣地方志編纂委員會，《平和縣志》，北京市：群眾出版社，1994年，頁813。
〔註59〕陳榮翰，〈龍岩新羅、漳平和漳州的歲時與禮儀習俗〉，《閩西職業技術學院學報13：1》，2011年，頁2。
〔註60〕中國上杭網 http://app.shanghang.gov.cn:82/gate/big5/www.shanghang.gov.cn/hsly/shrw/fw/jqss/200902/t20090216_9499.htm，上網日期：102年3月2日。
〔註61〕不著撰者，〈客家人過新年 古禮俗不可少 拜祖先蒸發糕 貼春聯討吉祥 必吃

大溪地區漢人大年初一食用早齋的目的，本研究推測應與養生有關。就當日早齋的食用內容來看，也大致符合這樣的說法，如花生，依《淡水廳志》云：「土豆（即落花生，生花紫色，萎地即結實土中，一房三、四粒，堪充果品，醡油亦可代蠟，北方名長生果，冬月收實）」〔註62〕，菠菜又名菠薐，《臺灣通志》云：「菠薐：種出西域頗陵國，誤爲菠薐，或稱赤根菜，臺南謂之長年菜，以度歲須食之也。」〔註63〕，芥菜按《南強詩草》云：

> 萬戶交叉旭幟均，陽和有意作新民；商量泰谷吹葭律，準擬春臺挾纊身。物外夏蟲談我法，夜來秦月照今人（是日適舊臘八日，是夕有微月）。寒廚一例長年菜（鄉俗：元日斷葷，以芥菜堆盤，謂之吃長菜），也抵葷盤薦五辛〔註64〕。

此俗應是過去元日吃五辛盤的遺風，《荊楚歲時記》：「周處《風土記》曰：『元日造五辛盤。正元日五熏煉形。』五辛，所以發五臟之氣，即大蒜、小蒜、韭菜、雲薹、胡荽是也。《莊子》所謂『春日飲酒茹蔥，以通五臟也。』」〔註65〕而此習留傳下至各地，產生的變異，各地以其當地時令的青菜，代替原來的五辛，在閩西南地區，以菠菜、芹菜、芥菜等取代原來的香菜，但其原意仍不變，以養生爲目的。

大溪及其原鄉地區的漢人大年初一早齋吃豆腐、豆干是客家族群普遍的風俗。其因是重要歲時節日時，家家戶戶做豆腐是普遍的習俗，除年節食用外，也留待平常日食用，豆干是黃豆製品，故大年初一早齋，以豆干搭配其他蔬菜，共同食用是可以理解的。

另外在在南朝梁・宗懍的《荊楚歲時記》中提到：

> 熬麻子大豆兼糖散之。

> 按《鍊化篇》云：「正月旦，吞雞子、赤豆各七枚，辟瘟氣」，又《肘後方》云：「旦及七日，吞麻子，小豆各二七枚，消疾疫。」張仲景《方》云：「歲有惡氣中人，不幸便死，取大豆二七枚，雞子、白麻

蘿蔔糕芹菜和豆干〉，中國時報，民國81年2月3日，第十四版。
〔註62〕陳桂培，《淡水廳志》，南投：臺灣文獻委員會，1993年，頁315。
〔註63〕連橫，《臺灣通史》，上海：華東師範大學出版社，2006年，頁354。
〔註64〕林幼春，《南強詩草》收錄於傅錫祺所著櫟社沿革志，附錄櫟社第一集，臺北：臺灣銀行，1963年，頁69。
〔註65〕宗懍原著，譚麟譯注，《荊楚歲時記譯注》，湖北：湖北人民出版社，1985年，頁5。

子，并酒吞之，然麻豆之設，當起於此。〔註66〕

在本段文字中，可以看出在南朝梁時至隋時，已流傳在元日食大豆、雞腰子及雄麻和酒一起吞食，可防歲中惡氣，而大豆在此習中有避惡氣的功能。豆腐、豆干由大豆製成，自然被視爲具有避惡氣的功能。在本研究的田野調查中採集到新正早齋多吃豆類的說法，大溪耆老藍新傳先生提到，大年初一多吃豆干、土豆或甜豆〔註67〕，其意就如同俗諺：「吃土豆，吃恰老老老」，意謂多吃豆類，可延年益壽。

然對照《荊楚歲時記》的敘述，元日多吃豆類，如赤豆、小豆或大豆，尤其兼糖散之，意謂著早在南朝時期，元日在荊楚地區盛行在元日吃豆類食物，而且還是以糖調味，符合甜豆之意。本研究推測，這項習俗可能是楚文化的遺風，反映了漢人祈求延壽與避煞的企盼。

（二）豆干在廟會活動上的應用──打齋

「打齋」原意是以清靜飲食隨喜供養修行的僧眾與修士，至遲在明朝就有這樣的習俗。《初刻拍案驚奇》：

> 靜觀道：「我身已托於君，必無二心。但今日事體匆忙，一時未有良計。小庵離城不遠，且是僻靜清涼，相公可到我庵中作寓，早晚可以攻書，自有道者在外打齋，不煩薪水之費，亦且可以相聚，日後相個機會，再作區處。」〔註68〕

以上可以看出，打齋應是僧者沿門募化取食。另在《金瓶梅詞話萬曆本》第三十九回〈西門慶玉皇打醮，吳月娘聽尼僧說經〉中，大師父講經，說到大藏經中一段佛法：「……員外想人生富貴，都是前生修來，便叫安童：『連忙與我裝載數車香油米麵，各樣菜蔬錢財等物，我往黃梅山裡打齋聽經去也。……』」〔註69〕此時打齋一義，就有供養佛家修行的僧眾之意，並從僧道處獲得祈福與教誨。

打齋一詞，延續至今則有提供齋食，供養十方，與大眾廣結善緣，成就眾人善行，也祈求爲自己增長福德之意。在大溪不限佛寺，在一般民間信仰朝宇的廟會活動，也會有「打齋」，民眾提供各種素食，結緣大眾。如大溪街

〔註66〕宗懍著，杜公瞻注，《荊楚歲時記》，收錄於景印文淵四庫全書史部三四七地理類，臺北：臺灣商務印書館，頁589～16。

〔註67〕本研究於民國100年7月27日於大溪鎮埔頂藍宅採訪藍新傳先生所得。

〔註68〕凌濛初，《初刻拍案驚奇下》，臺北：臺灣古籍出版有限公司，2003年，頁714。

〔註69〕笑笑生，《瓶梅詞話第三十九回》，出版地，出版者不詳，頁16。

區普濟堂每年在農曆 6 月 24 日關聖帝君繞境活動時，信徒會提供各種蔬食食材，如米苔目，芹菜、調味料、仙草及豆干等，由周圍的居民出力烹煮點心，供參與繞境活動的民眾享用。又如大溪街區的福仁宮，在重要慶典，接受周圍地區民眾的捐贈金錢與食材，食材包括：油麵、菜脯、素魯肉等素食食材，其中特別的是民眾也習慣捐贈豆干，做為烹煮平案點心的配料。

圖 4-12　福仁宮祈安禮斗法會實物捐贈芳名錄

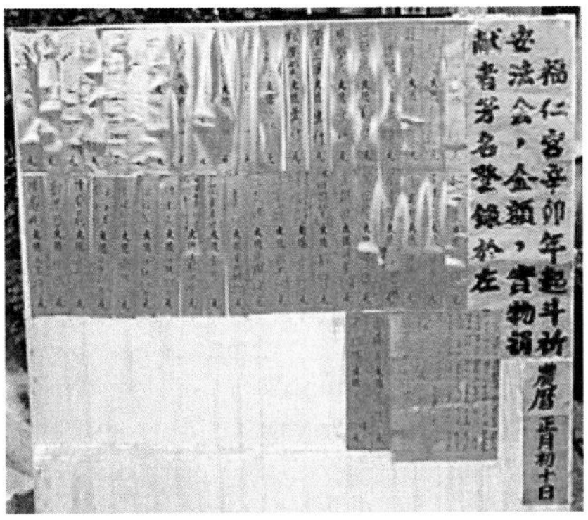

圖片說明：民國 100 年 2 月 12 日福仁宮辦理起斗祈安法會，在捐獻芳名錄中，可看出香功隊捐獻豆干 100 塊、葉桂蘭捐獻豆干 200 塊。

圖片來源：筆者自攝，2011.2.17，於大溪鎮福仁宮。

圖 4-13　大溪鎮普濟堂關聖帝君繞境打齋實況

圖片說明：民國 100 年 7 月 24 日，大溪關聖帝君繞境活動，在廟宇旁提供點心，如愛玉，仙草，米苔目，供信眾食用。

圖片來源：筆者自攝，2011.7.24，於大溪鎮普濟堂。

圖4－14　大溪鎮普濟堂關聖帝君繞境打齋實況

圖片說明：民國100年7月24日，廟會活動時周圍鄰居免
　　　　　費義務協助，義工們以米苔目、芹菜、香菇搭
　　　　　配豆干丁，烹煮點心供信眾食用。
圖片來源：筆者自攝，2011.7.24，於大溪鎮普濟堂。

第四節　豆干湊牲禮俗之探析

　　綜合上三節探討豆干在大溪地區各種禮俗中運用的情形，可見豆干運用
的方式，大致可分為祭祀用、新正早齋及廟會活動打齋用，關於新正早齋及
打齋，其食用的對象是一般平民大眾，看重的是豆干在食用及養生與避穢氣
的功能，因豆干由黃豆製成，屬素食，具有豐富的營養價值及養生功效，又
是祖先流傳下來，在日常飲食中，經常使用的食材。故運用於新正早齋及廟
會活動的打齋是可以理解。

　　大溪地區有一句俗諺：「三塊豆干，鬥一副牲禮」〔註70〕，反應出在大溪
地區，豆干可用做牲禮中的一牲，組合成三牲或五牲，作為敬神的祭品。本
節將從田野調查所蒐集的豆干湊牲實例，綜合分析豆干在湊牲中應用的情
形，並說明豆干與豆腐在常民生活中各有其扮演的功能與角色，更進一步地
探究豆干在民俗上所具備的意涵。

〔註70〕林明德，《大溪豆腐系列文化研究》，臺北：財團法人中華民俗藝術基金會，
　　　1999年，頁85。其中關於「牲禮」一詞，本研究認為應為「牲醴」。

一、牲醴的源由以及其在漢人祭祀禮儀中的重要性

在早期漢籍《禮記・禮運篇》：「夫禮之初。始諸飲食。其燔黍捭豚。汙尊而抔飲。蕢桴而土鼓。猶若可以致其敬於鬼神。」〔註71〕意即最早的漢人禮俗，起自於先民自簡單的烹調，火烤黍米，敬獻豬肉，以敬獻飲酒，以簡單的木棍敲擊鼓器，以爲音樂，將其敬意獻給鬼神。先秦以前的漢人，以生活中美好的事物，獻於神鬼，祈求天、地、人、神、鬼關係的和諧。而牲醴起初的用意，源自於此。

牲醴一詞包含兩大部份，牲與醴。醴指的是酒醴，是祭時的用酒，牲則爲犧牲，即祭祀用的牲畜，《周禮・牧人》：「牧人：掌牧六牲而阜蕃其物，以其祭祀之牲牷」〔註72〕。牲爲祭祀的祭品。《周禮・庖人》：「庖人：掌供六畜。」鄭玄注：「六畜，六牲也。始養之，曰畜，將用之，曰牲。」〔註73〕由此可知，畜爲人所豢養動物，其豢養的目的爲膳饈與祭祀用，當祭祀來臨時，需用之以爲祭拜之祭品，予以宰殺以爲犧牲。而六畜何？唐人賈公彥疏：「釋曰掌供六畜者，馬牛羊豕犬雞。」〔註74〕。本研究推測，此六畜六牲應爲日後，平民祭祀的五牲祭品或三牲祭品的內容，由此六牲中取五牲或三牲爲祭品。此六牲中，馬不用之，在《左傳・昭公十一年》：「五牲不相爲用。」，杜預注：「五牲，牛羊豕犬雞」，孔穎達疏曰：「正義曰：『爾雅以此五者并馬爲六畜，周禮謂之六牲。但馬非常祭所用，故去馬而以此五者當之。』」〔註75〕，由孔穎達所疏來看，一般祭祀時多不用馬，故由其餘五牲中多用爲犧牲。至宋時，祭祀的犧牲多用牛、羊、豬、雞等四種牲畜，《宋書》：

> 元嘉十年十二月癸酉，太祀令術閭刺署：「典宗廟社稷祠祀薦五牲，牛羊豬雞並用雄。其一種市買，由來送雌。竊聞周景王時，賓起見

〔註71〕戴聖，《禮記・禮運》，臺北：臺灣開明書店，1991年，頁43。
〔註72〕國立編譯館，《十三經注疏6周禮注疏上》〈牧人〉，臺北：新文豐出版公司，2001年，頁523。
〔註73〕國立編譯館，《十三經注疏6周禮注疏上》〈庖人〉，臺北：新文豐出版公司，2001年，頁146。
〔註74〕國立編譯館，《十三經注疏6周禮注疏上》〈庖人〉，臺北：新文豐出版公司，2001年，頁146。
〔註75〕左秋明傳、杜預注、孔穎達正義，《春秋左傳正義・昭公》，臺北市：臺灣古籍出版有限公司，2001年，頁1484。

雄雞自斷其尾，曰『雞憚犧，不祥。』今何以用雌，求下禮官詳正。」
〔註76〕

本段，其意在探討，宗廟社稷祠祀所用牲醴，何以唯獨雞用雌，請禮官查証。
但此中可約略看出南朝劉宋當時祭祀的牲醴，多以牛、羊、豬、雞四牲爲主。
時至明朝，在《三寶太監西洋記通俗演義》第七十六回〈關元帥禪師敘舊　金
碧峰禪師鬥變〉中提到，關將軍向城隍索取一片豬肉，提到「豬首三牲」一
詞，今節錄本文片段：

關爺即時叫過土地老兒來，分付道：「你去取過一片豬肉來。」土地
道：「沒有豬肉。要豆腐，小神就有。」關爺道：「怎麼要豆腐你就
有？」土地道：「小神這個地方上的人，都有些眼淺，看見城隍菩薩
位尊祿厚，都就敬他；看見小神位卑祿薄，卻都就輕慢小神。大凡
豬首三牲，都是城隍的，豆腐就是小神的。故此要豆腐，小神就有。」
〔註77〕

上段文中提到漢人祭祀神明，習以三牲祭祀，已略見今日漢人祭祀樣貌，用
三種牲肉做爲牲醴祭祀。此三牲僅知豬首爲其一牲。其餘二牲不詳。至晚清
年間出版的《杭俗遺風》中，提到：

……十月十五齋三官。十一月冬至燒節紙。十二月廿三謝竈司、土
地。年廿幾燒年紙。凡燒紙用三茶、六酒、三果、三素菜、塩碟、
米碟、雞血、荳腐。三牲雞、魚、肉。如不用雞、鴨、蛋代之。惟
年紙用五燥果、五燥素菜、五濕果、五濕素菜。三牲添豬頭、羊肉
爲五牲。……〔註78〕

此段對三牲及五牲就有較深刻的說明，漢人民間祭祀三牲其內容爲雞、魚、
肉，也可用雞、鴨、蛋代替。另添加豬頭、羊肉，即爲五牲，所以五牲其內
容有，豬頭、羊肉、雞、魚、肉，或以鴨、蛋代之。其五牲中有羊、豬、雞，
另以魚牲代一牲。另日人梶原通好提到：

山羊は平常は殆んど食用には供されてねない。唯祭典の場合五牲
の一として用ひ、又立冬に當り山羊肉を食へば寒氣に堪へるとし

〔註76〕沈約，《宋書上》，臺北：臺灣商務，2010年，頁06～274。
〔註77〕羅懋登，《新刻全像三寶太監西洋記通俗演義，第十六卷》，步月樓翻明萬曆
　　　　本，頁2～3。
〔註78〕范祖述，《杭俗遺風》，臺北：成文出版社有限公司，1983年，頁51。

て、これを食ふ程度である。從つてその飼育頭數も漸減の傾向に
ある。〔註79〕

從上段說明來看，在日治時期，山羊在祭祀場合中可供中五牲之一來運用，
此俗同於清中葉時期漢人會以羊做爲五牲供物之一。至今日，五牲或三牲多
由全豬或豬頭（附豬尾，象徵全豬）、雞、鴨、魚、蝦、豬肚、豬肝或豬肉任
取五種或三種爲之，其中五牲中，前四項多爲必須，後三項則擇一，三牲則
多以豬肉一塊、全雞、全鴨（或魚）各一組之〔註80〕。今漢俗與晚清大致相
同，但由此一系列的討論，可看出民間祭祀使用的牲品，應源自於先秦時期
的六牲。

　　傳統漢人對犧牲的色澤及牲體的完整性也有要求。《周禮正義》：「祭牲必
毛純體完，……凡賓客膳羞之牲得稱牲，牲牷而不得稱犧，明犧爲祭牲之專
名。」〔註81〕由上如知祭牲需毛色純不含雜色，且牲體需完整性，在上段中
說明的「豬首三牲」，其豬首有代替全豬的意涵，而此習至今仍有，在喪葬儀
俗中在家祭排牲體時，女兒要爲亡者準備豬頭五牲，且需包含豬尾，其意在
全豬。

　　另在封建時期的漢人禮俗，因每人地位高低的不同，祭祀時可運的牲體
也不同。上述所指的牲體的運用，還是以士人階級以上的所能使用。在《大
戴禮記》中提到：

　　　聖人立五禮以爲民望，制五衰以別親疏；和五聲之樂以導民氣，合
　　　五味之調以察民情；正五色之位，成五穀之名，序五牲之先後貴賤。
　　　諸侯之祭牛，曰太牢；大夫之祭牲羊，曰少牢；士之祭牲特豕，曰
　　　饋食；無祿者稷饋，稷饋者無尸，無尸者厭也；宗廟曰芻豢，山川
　　　曰犧牷，割列禳瘞，是有五牲。〔註82〕

由上可知，因社會地位與身份的不同，祭祀用的牲體也有所不同，天子與諸
侯之祭以太牢，爲牛、羊、豬各一，大夫之祭祀牲體爲少牢，爲羊、豬各一，

〔註79〕梶原通好，《農家の食物》，臺北：緒方武歲，1941年，頁122。

〔註80〕張奉珠，《詔安客家——廟祭祖研究——以雲林縣崇遠堂爲例》，國立雲林科
　　　　技大學漢學資料整理研究所碩士論，2007年，頁85～86。

〔註81〕孫詒讓，《周禮正義冊二卷23》〈牧人〉，臺北：臺灣中華書局，1968年，頁
　　　　13。

〔註82〕戴德，《大戴禮記》，〈曾子天圓第五十八〉，臺北：臺灣商務印書館，1983年，
　　　　頁30。

士人祭祀牲醴爲豬，而庶人無常牲，以稷爲祭品，牲品之貴重有別，其序如六牲之序。

另外在祭祀的對象上，會因對象的不同而有不同的祭儀及祭品。《周禮·春官·大宗伯》中已有說明，不同的祭祀對象，有不同的祭儀，也以天神以煙祀、實柴，以達天聽，以血祭、貍沈、疈辜祭祀社稷、山川及四方百物，而宗廟之祭，各有其禮，且祭祀時牲醴的排設，敬祀的過程，有一定的禮制且體系龐大，在此不多敘述。此俗延續至今，漢人的神靈世界體系已有不同，該神靈體係依人間的行政體系來形塑，天公即玉皇大帝，是神界中的最高代表，其下有三官大帝分掌天地水三界，再其下有各種神明如：帝君、祖師、王爺、將軍、太子爺等掌理各種事物，也按人間的生活空間，區分掌管各地事務的城隍、土地神等，而陰界的組織裡亦有閻羅、判官、小鬼的神靈。

而漢人依此體系神格高低，在祭祀時各有不同祭祀牲醴組合，依過去學者研究所述，整理如下：

（一）五牲：多用於玉皇大帝、三官大帝等高階尊貴神明。

（二）四牲：四牲多用於嘉慶、歲時祭祀或神誕，因「四」爲雙數，故喪事忌用，再者民間認爲「四」與死同音，故較少使用。

（三）三牲：多用於祭拜媽祖、王爺、土地公等，

（四）小三牲：用以消災解厄、謝外方，犒勞神兵、神將或路祭時。
〔註83〕

且牲醴的擺放位置，可顯示出各牲品的重要順序。以五牲爲例，其擺放的位置，豬置於中，稱爲「中牲」，雞、鴨分置左右爲「邊牲」，而魚、蝦（豬肚、豬肝。置於邊牲後，爲「下牲」、「後牲」。而三牲，其擺法爲豬肉爲中牲，左雞右魚爲邊牲，另小三牲的擺法爲，豬肉一小塊爲中牲，左右兩側邊雞蛋和魚組成，有時會以麵干或豆干代替。

另在牲品的烹調方式上，也帶表著祭祀對象與人之間關係的親疏遠近，牲品完整且「生」的，即未做任何的烹煮者，表示祭祀對象與祭祀者之間的關係疏遠。而「熟」的則表示祭祀對象與祭祀者之間的關係越親密。而現今牲品的烹調方式，在祭祀前多略做烹煮，但並不加以煮熟，可顯示出祭祀者對祭祀對象的敬畏、崇敬之心。

〔註83〕張奉珠，《詔安客家——廟祭祖研究——以雲林縣崇遠堂爲例》，國立雲林科技大學漢學資料整理研究所碩士論，2007年，頁85～86。

中國至先秦至今所形成的複雜的祭儀，其目的最終是佐王建保邦國，天下蒼生生命延續。而牲醴在此中扮演的角色，主要是體現祭祀者崇敬的心，以生活中珍貴的食材獻於天神、地祇與人鬼。在漢籍《國語・楚語下》〈觀射父論祀牲〉提到：

> 子期祀平王，祭以牛俎於王，王問於觀射父，曰「祀牲何及？」對曰：「祀加於舉。天子舉以大牢，祀以會；諸侯舉以特牛，祀以太牢；卿舉以少牢，祀以特牛；大夫舉以特牲，祀以少牢；士食魚炙，祀以特牲；庶人食菜，祀以魚。上下有序，則民不慢。」〔註84〕

上段關於觀射父的回答，其文意是在天子朔望之盛饌時，舉行祭祀，天子受四方進貢大牢，即牛、羊、豬等牲醴，在祭祀時祭品三大牢，諸侯受貢一牛，祭祀時以太牢禮祭祀，卿受貢有羊豕，祭祀時用一隻牛做為祭品，大夫受祿一隻豬，祭祀時以少牢禮祭祀，士人食魚烤魚，祭祀時以豬為祭品，庶人食菜，祭祀時以魚為祭品。此段文字中可以發現，漢人在祭祀時會以比平常更高的食物或食材為祭品，其目的當然為表達自已最高的敬意，此漢俗延續至今，在祭祀時的五牲或三牲牲品，是過去農業生活時，不易吃到的高貴食材。漢人重食，故有古諺：「民以食為天」，漢人以珍貴食物祭祀，就如同基督教會以歌聲禮讚上帝，將自已美好的一面獻於上天。牲醴就是足以代表祭祀者誠意，且是生活中珍貴的獻禮。

二、湊牲禮俗中的豆干運用情形分析

上段提到，關於牲醴的起源，漢人在祭祀中運用牲醴的特色以及牲醴在祭祀行為中的重要性。本段試從本研究所田野調查所得的各種豆干湊牲實例，犧牲的角度來看豆干的製作、從所祀神的角度來看，豆干湊牲所祭祀的對象所蘊涵的特殊意義、從牲醴的組合來看豆干牲醴中運用的原則，從牲醴的烹調方式來看豆干湊牲的牲品，所反映出對祭祀對象的敬意。以下分段敘述：

（一）從犧牲的角度來看豆干的製作

上段提到祭牲需要毛純體完，在本研究所採集到大溪豆干湊牲用豆干，以下二圖為代表來討論。

〔註84〕韋昭注，《國語・楚語》，宋紹興十九年（1149年）刊，明弘治間（1488～1505）南監修補本，無頁碼。

圖4-15　大溪內柵仁安宮元帥聖誕千秋祭品

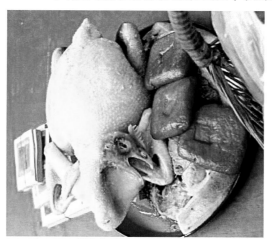

圖片說明：供桌上備有以豆干湊牲的三牲祭品，用於祭祀玄壇元帥。

圖片來源：筆者自攝，2011.3.25，大溪內柵仁安宮。

圖4-16　大溪慶安宮中秋祭品

圖片說明：供桌上備有以豆干湊牲的三牲祭品，用於祭祀福德正神。

圖片來源：筆者自攝，2011.9.12，大溪慶安宮。

　　此兩種湊牲用豆干，一是大紅豆干，一是大溪黑豆干，除色澤不同外，其最大的差別在於邊緣的完整性。圖 4-16 的大紅豆干，其邊緣不平整，而圖 4-17 的黑豆干邊緣平整，因製作工法不同，圖 4-16 的大紅豆干邊緣不平整，是大溪地區祭祀用的主流豆干，多數人採用此種不平整的豆干。因其在製作過程中，是以手工布包的方式，一個一個的包覆；而圖 4-17 此種邊緣較平整的豆干，係以固定模型製作，再以鐵片切塊，所以較平整。但就漢

人祭祀牲體的牲牷原則來看，祭祀的牲品，具備完整性，故以不平整的豆干，才是表現出此種原則的豆干，所以大溪地區，仍以此種豆干為主流祭祀用的豆干。另大溪地區的豆干業者也強調手工包覆製作的豆干才是傳統。

而此傳統手工包覆製作的豆干，再往大溪族群的原鄉地區上溯，在汀州地區，也可見到其傳統的五香豆腐乾（見圖3－6　汀州的五香豆腐乾），也如大溪傳統黑豆干一樣，邊緣不平整，其製作方式也是以手工逐一包覆而成。在漳州原鄉地區其豆干也是手工逐一包覆，唯一不同的是，漳州地區在製作豆干時，以一木做的隔板，將豆干一個一個的區隔出來，雖然外型較桃園大溪地區及汀州地區平整，但仍維持豆干的完整性。

圖4－17　漳州詔安秀篆製作豆干的木製隔板

圖片說明：豆干製作師傅先將豆腐腦倒入以木板間隔的每一小方格中，再以手工的方
　　　　　式將豆腐腦包覆。仍保有傳統的牲牷原則。
圖片來源：筆者自攝，2012.7.15於福建省詔安縣秀篆鎮煥塘村黃正文宅。

漢人祭祀牲品的另外一項特色是毛純，也就是毛色純正，大溪地區的黑豆干或大紅豆干基本上仍是單一顏色，以大紅豆干來說，雖是紅豆干，但顏色趨近於土黃色，雖說是黑豆干，其顏色是極深的紅色。關於豆干顏色的說明，將於下段說明。

（二）豆干祭祀對象所蘊涵的特殊意義

漢人祭祀觀來自於以下的二種思想：

1、敬天思想

漢人認為天是宇宙的主宰者，對於天地萬物有許多的統治力。漢人將無

形的天具體形象化，稱爲「玉皇大帝」，也就是俗稱的「天公」，認爲祂是天地間最至無上的神，進行祭祀是也必須以最莊嚴儀式進行。在玉皇大帝之下有各部大神，次一等爲三官大帝掌管天、地、水三界，又有五帝、媽祖、王爺、千歲等各種神明，用以協助玉皇掌管人世間的運作。而漢人對天的敬畏加以擴大後，對自然界裡的日月星辰、空中星象、山川河海、樹木或動植物等對象崇祀，也呈現多神自然崇拜信仰樣貌，神明體系龐大，並有位階高低，層次嚴謹。〔註85〕

以豆干祭祀的對象來看，屬於此敬天思想下所建立的神明體系者有：玄壇元帥、土地公、神兵神將及喪禮中必需過關的十殿閻王等諸神。除此之外，尚有各種關煞中的凶神如白虎，星辰如天狗。在這體系中，土地公是神明體系中位階最低的神明，玄壇元帥原系凶神，在人間作惡，後逐漸轉型爲「迎福納祥」的財神，神兵神將附屬於地方主神，是主神在驅逐邪靈的主要兵力。

2、祖先崇拜

漢人慎終追遠，除受漢民族的倫理思想影響外，也希望已逝先人能庇佑子孫，藉由維持香煙於不絕，崇祀祖先使其在陰間的生活舒適安定，若無人祭祀祖先，則會變成邪靈，降禍於子孫。爲能延續香火，永不使崇祀祖先的香火斷絕，家中供奉祖宗神主，朝夕燒香禮拜，或建家廟，或實行祭祀公業，對祖先過世後的喪禮或風水極爲重視。對於無人祭祀的幽靈孤魂，也因恐懼降禍，對於厲鬼加以祭祀。〔註86〕

以豆干所湊牲的祭品，其祭祀的對象，有祖先、往生的親人以及無人祭祀的孤魂、厲鬼，也包含會帶來噩運的邪靈，煞氣等。

上述的祭祀對象，在漢人的祭祀體系中，系屬較低階的神靈，此與日人梶原通好的說法相通，今節錄原文如下：

> 豆腐は大豆を原料とし製法は内地と同じであるが、……祭祀又は招客の場合蒜、葱、芹菜などと共に煮て食卓に出すが神々への供物としては粗末なりとして用ひない。但有應公（無祀の鬼）などの下級の鬼又は神には供物とすることもある。……〔註87〕

〔註85〕鈴木清一郎著、馮作民譯，《增訂臺灣舊慣習俗信仰》，臺北：眾文圖書股份有限公司，1989年，頁5～7，20～21。

〔註86〕鈴木清一郎著、馮作民譯，《增訂臺灣舊慣習俗信仰》，臺北：眾文圖書股份有限公司，1989年，頁7～8，21～23。

〔註87〕梶原通好，《農家の食物》，臺北：緒方武歲，1941年，頁123。

上段文章中，也提到豆腐用於祭祀與宴客的場合，祭祀有應公與下級鬼神時會有豆腐做為供品。而就豆干湊牲的牲體所祭祀的對象來看，中下階級的神明如，土地公，隨處可見，與一般民眾的關係密切，祭祀的機會多，除每月的塑望外，在農事、工事等，皆會祭祀。祖先更是與民眾關係更為接近，是民眾的先人，家家戶戶設有公廳，除祭祀家堂五神外，一定立有神主牌，一年四時八節中定會祭祀祖先，在過去，逢祖先忌日，做忌更是不可少。這些祭祀對象與民眾親近不若天公、三官大帝般的崇高與遙遠，此外對於存在於人世間的無人祭祀的孤魂，亦或是作祟的邪靈，並非神明，在祭祀的地位上，當然也就更低。

　　據唐宋之交的陶穀所載，豆腐有一別名小宰羊，當地人習以豆腐代為肉食，並在日常生活飲食中經常食用，以之代為三牲祭品中的一牲，自然不令人意外。這上段引述於《三寶太監西洋記通俗演義》的文段也反映了至少在明朝以前，民眾以豆腐祭祀土地公應是普遍的現象。再者豆干是豆製品中的菁華，排除更多的水分，上色，蓋印，予以精緻化，先人將豆腐由常民食品提升至三牲祭品的意圖，十分的明顯。

　　另外從豆干湊牲的祭祀對象和其外觀顏色，本研究也發現一項關聯，在祭祀的對象中，位階較高者為玄壇元帥，其次為土地公。玄壇元帥原為凶神、鬼神，先前已述。土地公，又稱福德正神，即社神，《禮記‧郊特牲》云：「社祭土而主陰氣也。君南鄉於北墉下，荅陰之義也……」賈公彥疏：「土謂五土山林川澤丘陵墳衍原隰也，以時祭之，土是陰氣之主，故云而主陰氣也。」〔註88〕土之意包含山川、森林、沼澤、濕地、草原等各種樣貌，是陰氣之主，祭社宜在北，北方自古即有陰幽的意涵，所以祭社時設主壇在北面上，而鄉在南方。《禮記‧郊特牲》又云：「社，所以神地道也。地載萬物，天垂象。取財於地，取法於天，是以尊天而親地也，故教民美報焉。」〔註89〕土地對人民有載養之功，故天子教民親近土地，並按時祭祀，以報其功。

　　《周禮‧春官》〈大宗伯〉：「……以血祭祭社稷、五祀、五嶽、以貍沈祭山、林、川、澤，以疈辜祭四方百物……」鄭元注：「不言祭地，此皆地祇，

〔註88〕《十三經注疏11 禮記注疏中》，臺北：新文豐出版公司，2001年，頁1221。
〔註89〕《十三經注疏11 禮記注疏中》，臺北：新文豐出版公司，2001年，頁1222。

祭地可知也。陰祀自血起，貴氣臭也。」〔註90〕上述五祀五嶽、山、林、川、澤皆為地祇，血為陰幽之物，以血祭社稷。

而祭社之牲品，在《周禮·地官》〈牧人〉：「凡陽祀騂牲毛之；陰祀，用黝牲毛之，望祀，各以其方之色牲毛之。」鄭元注：「騂牲，赤色。毛之，取純毛也。陰祀，祭地北郊及社稷也。望祀，五嶽、四鎮、四瀆也。鄭司農云：『陽祀，春夏也。黝，讀為幽。幽，黑也。』玄謂：『陽祀，祭天於南郊及宗廟。』」賈公彥疏：「天神與宗廟為陽，地與社稷為陰」〔註91〕由此可以看出，祭天神與祭祖為陽祀，用的是赤牲，而祭地與社稷，為陰祀，用的是黝牲，即黑牲。因祭祀對象有別，用牲毛色不同。

然《詩經·周頌》〈良耜〉：「……百室盈止，婦子寧止。殺時犉牡，有捄其角。以似以續，續搶之人。」鄭元傳箋：「黃牛黑脣曰犉。社稷之牛，角尺。……五穀畢入，婦子則安，無行饁之事，於是殺牲報祭社稷。嗣前歲者，後求有豐年也。……」孔穎達疏：「然則社稷用黝牛，角以黑而用黃者，蓋正禮用黝，至於報功，以社是土神，故用黃色，仍用黑脣也。」〔註92〕，孔穎達提到祭土神時，為報其承載之功，其祭牲用黃牲黑脣。因黃是土地的原色，所謂蒼璧禮天，黃琮禮地，故以黃牲祭祀社。

大溪豆干有大紅豆干及黑豆干兩種，以糖烏染色，在前章已述，祭祀多用大紅豆干，探訪原鄉，在漳州原鄉地區，豆干以浸入黃梔液中染色，在汀州地區，黃梔液是以塗抹的方式上色工法甚是繁複，這一系列染色的技法雖有改良，但仍保留其染色的過程，本研究推測應有民俗上的意涵。

審視豆干湊牲的牲醴，其所祭祀的對象，土地公為社神，以在汀州及漳州原鄉地區以黃梔上色的豆干湊牲牲醴來祭祀，符合報功以社用黃牲之意，再者土為陰氣之主，綜管陰幽之氣，玄壇元帥，原為凶神、鬼神，具有濃烈陰氣。另在祭祖上，清明墓祭，多以豆干湊牲的牲醴祭祀先人，在祭祀無主孤魂上，也是以豆干湊牲的牲醴祭祀，此外在人間遊蕩的邪靈、煞氣，也以豆干湊生的小三牲祭祀，在生命禮俗中的喪禮運用豆干湊牲的牲醴來祭祀更是不勝枚舉，如每次做七、百日、對年、三年，祭祀亡者，過十殿閻王以及，家祭中的豬頭五牲，皆會以豆干來湊牲，即便如出葬時，周圍左右鄰居也會

〔註90〕《十三經注疏6周禮注疏上》，臺北：新文豐出版公司，2001年，頁743～745。
〔註91〕《十三經注疏6周禮注疏上》，臺北：新文豐出版公司，2001年，頁523。
〔註92〕《十三經注疏5毛詩正義下》，臺北：新文豐出版公司，2001年，頁2071～2072。

以小三牲祭祀出葬亡者，上述皆爲具陰屬之氣的神明、邪靈或煞氣，選用以豆干來湊牲並加以染成黃色，可隱約察覺過去先民試圖將豆干塑造成祭祀社神及其所管轄的陰氣、邪靈的重要祭品。

　　針對本段論述，係本研究就目前所蒐集到的祭祀實例，來歸納與演繹，本段論證尚需持續的蒐集文獻上的資料，來做更有力的證明。

（三）從牲體的組合來看豆干湊牲的原則與重要性

　　本小段試以本研究所蒐集各種祭祀時的牲體，從祭祀的對象、搭配的牲禮及牲體擺設的位置，來觀察豆干湊牲的原則及推測其反映的意涵。首先整理，上三節所附圖片，按上述的三個條件，製以下表格：

表4－1　桃園大溪地區豆干湊牲使用實例彙整表

序號	圖　　片	祭祀對象	搭配牲品及擺放位置
1	圖4－1 大溪美華公墓簡華泰派下子孫掃墓祭品	先人	三牲： 豬肉一片、雞一隻、豆干三塊 擺放位置： 中牲：豆干 邊牲：左豬、右雞
2	圖4－2 大溪內柵仁安宮玄壇元帥聖誕千秋祭品	玄壇元帥	三牲： 豬肉一片、鴨一隻、三塊豆干 擺放位置： 中牲：豆干 邊牲：左鴨、右豬
3	圖4－3 大溪松樹腳慶安宮中秋祭祀	土地公	五牲： 豬肉一片、雞、鴨各一隻、豆干三塊、魚一尾。 擺放位置： 中牲：豬肉 邊牲：左鴨、右豆干 後牲：左雞、右魚

序號	圖　　片	祭祀對象	搭配牲品及擺放位置
4	圖4－4 大溪尾寮公墓掃墓祀后土 	后土	三牲： 豬肉一片、雞一隻、豆干三塊 擺放位置： 中牲：豆干 邊牲：左雞、右豬
5	圖4－5 大溪仁和宮慶成福醮犒軍祭品 	五營神軍	三牲： 豬肉一片、雞一隻、豆干三塊 擺放位置： 中牲：豆干 邊牲：左雞、右豬
6	圖4－7 大溪第一公有零售市場普渡法會 	無主孤魂	三牲： 豬肉一片、雞一隻、豆干三塊 擺放位置： 中牲：豆干 邊牲：左雞、右豬
7	圖4－8 大溪蕃仔寮瑞源宮公普法會 	無主孤魂	五牲 豬肉一片、雞、鴨各一隻、豆干三塊、魚一尾。 中牲：魚 邊牲：左豬、右雞 後牲：左豆干、右鴨
8	圖4－9 尾寮大墓公祭祀祭品 	無主孤魂	五牲 豬肉一片、雞、鴨各一隻、豆干三塊、豬肝一塊。 中牲：豬肝 邊牲：左豬、右鴨 後牲：左豆干、左豬肉

序號	圖　　片	祭祀對象	搭配牲品及擺放位置
9	圖4－10 靈應萬善同歸祭祀祭品	無主孤魂	三牲： 豬肉一片、鴨一隻、豆干三塊 擺放位置： 中牲：豆干 邊牲：左豬、右鴨

資料來源：本研究整理

1、五牲祭品

首先就五牲祭品來看，以豆干湊牲的五牲祭品，有三張圖片，其祭祀對象分別土地公及無主孤魂，根據本章第一節所整理的五牲祭品多用於祭祀天公、三官大帝等說法，顯有不符，以其擺放的位置來看，上述的五牲祭品都擺放在所有祭品前，以圖4－3來說，它擺放於土地公座前，在本研究拍攝前，道士剛結束頌經儀式，此副五牲牲醴具有特殊地位，是為祭儀需要而設。另圖 4－10 也是五牲牲醴，是瑞源宮公普法會的祭品，其牲醴擺向向外，可見係祭祀無主孤魂好兄弟，在其旁尚有全豬、全羊各一隻，顯見也是具有特殊地位的五牲牲醴，本研究認為此係舉辦公普法會的爐主及其首事所準備。同樣圖4－11尾寮大墓公五牲祭品也是用於超渡法事上。

上述五牲祭品，應是有特殊地位與功能，本研究推測此係辦理此祭祀活動的爐主及其首事所準備，因其身份與地位在此祭祀活動中不同於一般民眾，故必需準備五牲祭品，以表達對祭祀對象的心意。

另外此五牲祭品的祭祀對象主要係土地公、無主孤魂。對照於本研究所採集大溪地區有部份耆老認為，五牲祭品是不可以湊豆干的說法〔註93〕略有不同。但配合本研究所採集大溪地區的五牲祭品來看（如附錄二），五牲牲醴的祭祀對象有關聖帝君，李騰芳先祖及內柵仁安宮的玄壇元帥，此五牲牲醴就無使用豆干，配合表 4－1，可發現豆干湊牲的五牲祭品多以祭祀土地公及無主孤魂。對照前段豆干湊牲的祭祀對象包含祭祖及玄壇元帥，何以不易看到李騰芳家族祭祖及玄壇元帥聖誕五牲祭品以豆干湊牲呢？本研究推測李騰芳家族祭祖，於家族公廳進行，屬祠祭，為吉禮的一種，場面正式。而玄壇

〔註93〕本研究於 100 年 7 月 27 日在大溪鎮埔頂藍家家，採訪藍薪傳先生所得。

元帥，原爲鬼神，但明朝以後轉爲財神，又是內柵地區公廟的主神，故準備五牲牲體，以魚爲其中一牲，以示誠意。

就表4-1的五牲祭品來看，此五牲的組合有豬肉、雞、鴨、魚及豆干三塊，配合附錄二所收錄的五牲祭品還包括：豬前腿、魷魚、鵝及豬肝。而其所擺放的位置，並一固定的中牲，且對位置無固定。不易看出哪一種牲品爲牲體之首，本研究推因是近年來禮俗的承傳不若早期以前的踏實，因此有些許的遺漏，不再依照牲品的重要順序，按中牲、邊牲及下牲的位置來排列。

2、三牲祭品

在大溪地區本研究所採集到的豆干湊牲三牲祭品，較五牲祭品爲多且較普遍。豆干湊牲的三牲祭品，如同前述，主要是土地公及其所管轄的陰氣與邪靈，以及祖先及神軍。就上述所採集到到的相片來看，豆干湊牲的三牲祭品，多與豬肉一塊及全雞一隻，共同搭配，組成三牲，偶有以全鴨搭配，特別是在喪葬做七、百日、對年及三年的過程中，會以豬肉一塊、全鴨一隻及豆干三塊搭配的三牲牲體，來壓送庫錢。另外在本研究所採集到其他的三牲祭品，如附錄三的圖一至圖三，此三圖皆是以豬肉、全雞及全魚或魷魚所組成的三牲祭品，此三圖的祭祀對象爲天公、觀音媽，及關聖帝君，此三者在漢人的神明體系中，地位多最高階級，天公前段已述，觀音及關聖帝君的地位，在漢人常民階級中經常出現的觀音媽聯中屬最高及第二階層，顯示此二神的地位。符合大溪地區高神不用豆干來湊牲的原則。

另外，本研究也發現在大溪地區，常民也習雞捲、香腸及素雞來做爲湊牲的牲品，就雞捲及香腸來說，兩者皆以雞肉與豬肉爲原料製作，爲肉類食品，但並不符合牲牷之義，故可推論，應是近年來常民才採用爲三牲，並非古早傳統，但此二種食品，也屬日常飲食中的高階食品，並非每日都會食用，由此也可看出，常民習以日常生活中較具豐盛的美食做爲祭品的想法。至於素雞，其製作的原料也是黃豆，其製作方式前段如豆腐的製作方式，煮豆、過濾、然後再豆漿的表面形成一片簿簿的豆皮，以竹筷將其挑起，一段時間後，另一片豆皮再形成，如此不斷的反覆操作。豆皮晾乾後，將其絞碎，加上五香、鹽、味精調味，再以布包裹，以繩捆札成三層，蒸過後拆除外布後，素雞於爲完成。而素雞的口感與肉類接近，也是以黃豆爲原料製成，其能成爲三牲祭品之一，其原因同於豆干。

　　另再比較以豆干湊牲的三牲祭品及祭祀高神的三牲祭品，本研究發現兩者的差異在於前者使用豆干湊牲，而後者則以全魚為一牲，前者的三牲組合為豬肉一片、全雞一隻及豆干三片，而後者則是豬肉一片、全雞一隻及全魚。豆干與全魚有替代的關係，然就此二種牲體祭祀的對象來看，兩種牲體是地位是不同的，以全魚湊牲的三牲祭品，祭祀對象為高神，以全魚來湊牲，更顯誠意。而以豆干來湊牲者，因豆腐類食品在大溪常民生活飲食中是被普遍應用的，且其祭祀對象如上述，漢人對土地公的情感從先秦時期，就比較親近，故以豆類製品的菁華——豆干來祭祀，顯示出祭祀者與祭祀對象關係的親密。以豆干湊牲來祭祖，其意也如同上述，表現出兩者親密的關係。

　　而關於無主孤魂、陰氣、邪靈的祭品，以豆干湊牲的三牲為主，主要的原因是此無主孤魂、陰氣、邪靈等不屬神明，在祭品的準備上，不若神明的要求，但基於敬畏它們可能會降禍的考慮下，以豆干湊牲的三牲來祭祀是可以理解的，除此之外本研究推測豆腐類製品為素食，做為祭祀無主孤魂、陰氣、邪靈的祭品，有渡化成佛之意，在第一節中，提到喪葬儀俗中，在靈桌上的靈桌嫺以一片切塊的小豆干做為它們的食物，在大溪地區的漢人會以大塊的豆干做為搶孤的祭品，都是單獨以豆干來祭祀的例子。而在大溪的俗諺：「吃三塊豆干，就爬上天」〔註94〕，其意係比喻自不量力，與此俗諺類似的諺語有：「食無三塊豆干，就想要上西天」、「食無三日清菜，就想要上西天」、「吃無三日仙屎，就要上西天」〔註95〕，在北港地區，也有類似諺語「吃無三粒土豆，就想要上西天」。此類俗諺，其原意大致相同。但更深的推究，此類俗諺有一共同想法，想要上西天，多食用清菜、土豆、豆干，是一法門，應有鼓勵多吃齋，以求神的赦罪，早日脫離陰間，不再受苦之意。而將豆干置入三牲之中，也應有如此的用意。

　　在大溪地區的三牲祭品，多以豬肉一片及全雞一隻，搭配全魚或豆干三塊。不管是祭祀高神或是與常民較親近的土地神及其所主管的邪靈還有祖先，大多有豬肉及全雞，較常被替換的牲品是魚或豆干，何故？本研究認為，豬肉及全雞自古就是六牲之一，而魚並非是六牲之一，在祭祀牲品的地位，本就較豬及雞略低，但魚為動物，其地位自然又較豆干這種肉類替代品為高，因此以魚湊

〔註94〕　林明德，《大溪豆腐系列文化研究》，臺北：財團法人中華民俗藝術基金會，1999 年，頁 84。
〔註95〕　吳瀛濤，《臺灣諺語》，臺北：臺灣英文出版社，1975 年，頁 136～137。

牲的三牲祭祀高神，因其誠意較豆干充足，而豆干湊牲的三牲不適合祭祀高神。

以豆干湊牲的牲醴，多以三塊豆干湊爲一牲，前述大溪俗諺：「三塊豆干，鬥一副牲醴。」〔註96〕，以本研究的調查結果來看，大溪地區常民多以三塊豆干湊作一牲，但也有以一塊豆干及六塊豆干湊作一牲的實例，但並不常見。以三塊豆干做爲一牲，主因在三有多數之意，漢人俗諺：「無三不成禮」即反映了三爲多數的意涵，故豆干湊牲時習以三塊豆干來湊牲。

以下接續探討豆干在三牲祭品中的擺放的位置，就表4−1中所舉列的三牲祭品，豆干擺放的位置，在豬肉的上面，豬肉擺放的位置多於右側，屬龍邊，而雞擺放的位置多位於左側，屬虎邊的位置。豆干的位置暫以中牲來看待，而豬肉及全雞就屬於邊牲了。由此擺放的方式來看，豆干在三牲中的重要性，理應是三牲之首。其次應爲豬、而後全雞。豬重於雞，是可以理解的，按先秦時期的六牲排序，馬、牛、羊、豬、狗、雞，豬肉的重要性的確是較雞爲高。但豆干爲肉類的替代品，本身非屬牲，理應不具有中牲的地位，且在豆干湊牲的五牲祭品中，豆干也並非放置於中牲的置上，故豆干在三牲或五牲中應非是牲品中最重要者，對照於以全魚湊牲的三牲祭品，魚的擺放位置，大多如豆干的位置，在豬肉之下，如附錄三，圖七，本研究推測，三牲祭品會如此擺放並非是依過去六牲的排序，按中牲與邊牲的位置來擺設，其擺設的主要考量係以節省空間及視覺明顯。將豆干或魚擺置於豬肉之上，祭祀對象在饗用時，便可一眼明瞭，供桌上的祭品。

三、豆干是豆類製品中的祭品代表

回顧本文的研究動機，「文化」一詞包含三個層面，第一層爲物質文化，第二層爲制度文化，第三層爲精神文化，此三文化層面的內容在第一章已述。文化一詞包含層面廣泛，單以本研究的時間與能力，尚需更多的時間與精力來專研與探究，方能完整的呈現豆腐及其相關食品的飲食文化，唯以目前所掌握的資料，本研究認爲豆干是漢民們在廣大的豆類食品中，特意以繁複的工藝技法，去蕪存菁，賦予豆干祭品的地位，成爲豆類製品中的祭品代表，本節前段將豆干與豆腐做一比較，以概觀地看出，豆腐與豆干在漢民飲食中各有其所扮演功能。本節後段試以米菓製品與米食製品的關係，來佐證本研究上述的論點。

〔註96〕林明德，《大溪豆腐系列文化研究》，臺北：財團法人中華民俗藝術基金會，1999年，頁84。

（一）豆干與豆腐在漢民生活中功能的比較

　　豆腐與豆干其製作原料皆為黃豆，以黃豆為原料所製成的飲食物，種類繁多，體系龐大，在第一章研究對象的界定時，已有說明。本研究選定以豆腐及豆干為標的，討論其在常民生活中功能的比較，理由是因豆腐在常民生活中運用相當的廣泛，可說是黃豆製品中之最，且就文獻來看，「豆腐」一詞是的類製品中較早出現的，顯示出豆腐存在的歷史性。而探討豆腐與豆干在漢民生活中功能的比較，其目的是為能更清楚的呈現豆干在漢民生活中的功能性。以下就豆腐及豆干製作方式、漢民飲食及漢民祭祀等三面向，分項討論：

1、豆腐與豆干在製作方式上的比較

　　豆腐與豆干的製作方式，在前半段的製作方式如：浸豆、磨豆、煮漿、過濾及點滷的流程，近乎相同，經過了前段的製程，所製出的豆腐腦，可視為半成品，可接續進行後段製程，以製出豆腐或豆干。在豆腐的後段製程中，可將點滷完成的豆腐腦，進行第一階段的包覆，然後壓製，排出水份，形成豆腐。在包覆時，會以較大的方巾包覆，所製成的豆腐也是常民所熟知的板豆腐，其體積大小約莫一尺見方至兩尺見方。而製作豆干時則以較小的方巾包覆，再將其兩次重壓，排出較多的水份，所製出的豆干當然較乾，故稱為豆干，其原稱為豆腐乾，十分貼切。豆干所排出的水份多，在保存上，當然較豆腐保存的時間為長。

圖 4－18　福建長汀製作豆腐

圖片說明：福建長汀市王春輝師父以 2 尺見方的方巾包覆豆腐腦，包覆完成後再以石
　　　　　頭重壓，製成豆腐。

圖片來源：筆者自攝，2012.7.17 於福建省長汀縣南寨一路 90 號。

　　豆腐的製作一次量產的數量較豆干多上許多，以送至市場販售時，再以鐵片切割成顧客所需的大小來販售。而豆干的製作則較豆腐繁複許多，其包覆需一個一個包覆，且大小僅有 10 公分見方左右。豆干的製作方式若以市場利潤為其最大考量時，其製法有極大的改良空間，唯不管在大溪地區，抑或是漳州原鄉、汀州原鄉，仍以小方巾包覆，保留傳統繁複的工法，本研究推測，其主因是為維持做為祭品時的完整性，亦即保留其「牲牷」的特徵。

　　另豆腐於製作完成後，並不加以染色，而以白略偏黃的原色呈現，其略為偏黃，本研究推測應是豆腐製品，接觸空氣後氧化，而略呈黃色。但豆干的製作在完成初胚後，需加以上色，在大溪地區，以糖烏染色，在漳州原鄉則以浸泡黃梔水的方式染色，在汀州原鄉則以黃梔液手工塗色。在染色結束後，再蓋上豆干印。相較於豆腐，豆干有後續的染色技術又蓋印，本研究推測其主因除延長保存期限外，主要是以豆干做為祭品，透過染色及蓋印，以示虔誠，簡言之係為豆干賦予祭品的角色。

2、豆干與豆腐在漢民飲食上功能的比較

　　現今在大溪地區，存在許多的豆干製作業者，但由於大溪豆干聲名遠播，許多的豆干工廠，現今只製作的豆干。部份仍製作豆腐、豆干等製品。根據本研究在第二章所述，在日治時期大溪地區的豆腐、豆干工廠，已較桃園其他地區為多。在日治時期有關大溪地區的豆腐及豆干業者的紀錄中（請見第二章，第 24 頁），可以看出這些業者的主要產品是以豆腐為主，籍由訪談的佐証，多數的業者，也生產豆干，此反應出，當時常民在生活飲食上，豆腐與豆干都有其需求，但可以推測，以豆腐為主要的豆類食材。

　　另在第三章中本研究發現食用豆干的時機多於節日祭祀時，也因節日祭祀時，會以豆干湊牲，因此在祭祀後的餐宴，多半會出現豆干。或於宴客的場合，豆干可視為豐盛的食材。何以豆干是一道豐盛的食材，因豆干是豆類製品中的精華，營養價值高，製作工序繁複，當然其售價相對也較豆腐為高。而豆腐在漢民的日常與節日飲食上皆是一項不可或缺的食材，如本研究第三章所述，汀州地區豆腐在平日飲食及節日的飲食都有多樣的利用（請見第三章，第 66 頁）。

　　此外在豆干的料理技法上，豆干多和祭祀後的豬肉，以滷的方式，一同烹調。或以炒的方式和韭菜，一同料理。近年發展出以油炸的方式料理，後再搭配香料，醬油、蒜等調味。豆干的料理技法相較於豆腐，可以看出料理技法有限。然豆腐則不同，其烹調方式有煎、炒、汆、燜、滷、煮、醃、炸、燉、泡

等方式，技法多樣，可搭配的食材多樣，烹調的料理其變化遠勝於豆干。

3、豆腐與豆干在漢民祭祀上功能的比較

本研究實際於大溪地區進行田野調查發現，在常民祭祀上豆干做為祭品的使用，遠勝於豆腐，在本章第一節至第三節的介紹中，可以看出豆干為牲體之一，可以用來做為湊牲牲品中的一項，使用的機率頻繁。而豆腐做為祭品，在大溪地區並不常見，甚至可以說近乎於無。

表4－2　豆腐與豆干在常民生活中功能比較表

比較條件		豆腐的特色	豆干的特色
製作方式	製作流程	步驟較少，可大量生產，利潤較高。	步驟較多，不利大量生產，利潤較低
	外型完整性	可製成一大塊，再切割出售。	注重完整性，無法切割出售。
	染色	不上色	會上色
	上印	不上印	會上印
常民飲食	食用時機	日常飲食及節日飲食皆普遍食用	多用於節日祭祀後食用
	料理方式	可搭配的食材眾多，料理方式多樣	料理的方式限制較多
常民祭祀	常民祭祀	較少使用	可用於湊牲，祭祀時間點較多。

資料來源：本研究整理

籍由上述的比較與說明，可以清楚的看出豆腐與豆干在漢民生活中，所扮演的功能有極大的不同，豆腐的功能很清楚的表現在常民的飲食上，不管是平日或節慶的飲食，豆腐皆有多樣的料理方式，可高貴也可平淡。然豆干所扮演的功能，雖兼具飲食及祭祀兩者，但經由上述的比較，可以明顯的看出豆干的祭祀功能遠甚過於其在飲食上的功能。從製作技法來看，要求完整、染色及上印，在漢民飲食上，多用於節日祭祀後的餐宴。故本研究大膽推論，豆干的出現應與漢民在祭祀上的需求有明顯的關聯。

回顧《禮記・禮運篇》：「夫禮之初，始諸飲食……。」漢民族習以生活中尊貴的食物，獻祭於神靈，以示其虔誠的心意。豆腐是黃豆的製品，至少至漢代起，就是漢民族生活飲食中重要的食材，而且生活中應廣泛的運用，豆腐滿足了漢民族在飲食上的需求，在飲食文化的層次上，它飲食的物質文

化層次具有重要的功能；而豆干是豆製品的精華，含有比豆腐更高比例、更豐富的植物性蛋白質，以豆干做為祭品，較豆腐來說更為適合，故本研究推論豆干的出現是為了滿足因祭祀上的需求，其在飲食文化的第三層次──精神文化層面上扮演了重要的角色。

　　針對上述的說法，在漢民於的飲食習俗中，也有其他類似豆干與豆腐關係的例子。就如同各種粿品與米食的關係。本節後段，本研究嘗試比較豆干與米製的粿品在漢民生活中扮演的功能比較。

（二）豆干與米製粿品在常民生活中功能的比較

　　稻作的起源最遲在西元前 8000 年前已經出現，稻米在東亞生產區最北自中國的黑龍江向南延伸至南亞，以國別來說，在中國東北、華北、華中、華南，朝鮮、日本至東南亞地區皆是適合稻米生產的區域，但主要的生產區域在中國的南方，一年可二穫至三穫，產是可算豐富。也因漢民族的生活區域，適合稻作生產，產量豐，故漢民族很早就有食用稻米的記錄，特別是在中國南方，稻米是常民的主食。承接上段提到，傳統上來自黃淮流域的漢民族在日常飲食上對豆腐及其相關製品的需求殷切，也漸衍化出以更精緻的豆干，來做為祭祀的祭品。而這樣情形也表現在中國南方漢人的米食習俗上。以下本研究先介紹漢民族的米食生活，進而介紹米食製品在祭祀上運用的情形，最後再比較米粿製品與豆干在祭祀上運用的差異，藉以看出兩者在漢民生活中的重要性。

1、米食在漢民生活飲食上的應用

　　日治時期以來，臺灣的米品種有三：一是在來米（秈米）、二是蓬萊米（粳米）、三是糯米。行政院農業委員會針對此三類米種的外觀特性、米飯特性及用途，有以下的區分說明：

表 4－3　在來米（秈米）、蓬萊米（粳米）、糯米之區分

類型	米粒外觀特性	米飯特性	一般用途
粳米 （蓬萊米）	圓短、透明（部分品種米粒有局部白粉質）	介於糯、秈之間	一般食米
秈米 （在來米）	細長、透明度高	煮熟後米飯較乾、鬆	蘿蔔糕、米粉、炒飯

類型		米粒外觀特性	米飯特性	一般用途
糯米	粳糯	圓短、白色不透明	煮熟後米飯較軟、黏	釀酒、米糕、八寶粥、粽子
	秈糯	細長、白色不透明		

資料來源：引自王怡茹，《臺灣日治時期漢人米食生活之研究》，國立臺北大學，民俗藝術研究所碩士論文，頁 21。

　　在來米即是秈稻品種，是日治時期以後方有的名稱，是臺灣傳統的米稻品種，其直鏈性澱粉含量高，但米飯吃起來較不黏。日人據臺後，爲了供應日本市場米的需求，引進日人較喜歡的粳米。在日人佐倉孫三的《臺風雜記》中，有段記錄：「土壤膏腴，概不施肥料；而稻梁秀茂，不讓我上田。唯收穫之際患，不能乾燥於壟間，隨刈隨打，盛囊以歸。是以米粒乏粘著之力，味亦不及我者矣。」〔註97〕經過日人多次的品種改良，始培育適合日人口味的米稻品種，稱之爲「蓬萊米」，簡言之臺人稻米食用的品種，在日治時期之前，以在來米爲主要食用米稻，後改食用蓬萊米。

　　臺人主食爲米，自清代以來臺灣人的飲食習慣多爲一日三餐，生活富裕的人家，多食用米飯，而貧困地區或人家則多食粥品或地瓜。在連橫的《雅言》中提而：

　　　臺灣爲產米之地，一日三餐，大都一粥二飯。瀕海貧瘠之區，多食番薯；而澎湖島中且食乾薯簽，以其不堪播穀也。「澎湖紀略」略澎人以紅薯合米煮粥，謂之「桃花粥」；而「海音詩」註亦謂澎人以海藻、魚蝦雜薯米爲糜，曰「糊塗粥」；亦可見粒食之佳艱矣。〔註98〕

由上段引文可看出稻米是臺人的主食，但因地區環境有別，或因個人或家庭財力不同，有的多食米稻，有的則加以較多的水分或加番薯及其他食材，煮成粥品食用〔註99〕。

　　另在表4－2中提到糯米，也經常的運用於臺灣漢人的生活飲食上，在連橫的《臺灣通史》中記載：

〔註97〕佐倉孫三，《臺風雜記》，引自王怡茹，《臺灣日治時期漢人米食生活之研究》，國立臺北大學，民俗藝術研究所碩士論文，頁 20。

〔註98〕連橫，《雅言》，引自王怡茹，《臺灣日治時期漢人米食生活之研究》，國立臺北大學，民俗藝術研究所碩士論文，頁 27。

〔註99〕王怡茹，《臺灣日治時期漢人米食生活之研究》，國立臺北大學，民俗藝術研究所碩士論文，頁 20～27。

> 稻之糯者爲朮，味甘性潤，可以磨粉，可以釀酒，可以蒸糕。臺人
> 逢時歲慶賀，必食米丸，以取團圓之意，則以米爲之也。端午之粽，
> 重九之糍，冬至之包，度歲之糕，亦以糯米爲之。蓋臺灣產稻，故
> 用稻多也。〔註100〕

糯米本身黏性較佳，有養身的功效，其用途可以釀酒，可製成粽子、米糕或油飯、也可製成各種粿粉類的精緻米食，如甜粿、發粿、鹹粿、紅龜粿、湯圓等。

上述臺灣漢人的米食運用，體系可謂龐大，但大抵來說，可從日常生活的普遍米食及特定節日的精緻米食來說明。就日常生活的普遍米來說，一般臺人的日常生活大多繁忙，在準備日常的三餐飲食上，當然以烹煮簡單、時間短，火喉易控制，經濟花費少，但又能提供營養，爲日常三餐的料理原則。在日常三餐以米爲主食，在一般漢人的煮飯過程，先於生火過後，火力逐漸加溫時，鍋中注水，再將米放入，使之沸騰，等米煮熟後用飯籬將飯撈至飯桶中，剩下的米湯移到陶鍋中煮湯，在鍋中未撈起的米飯，則繼續煮成稀飯。所以一次煮飯的過程，可同時完成飯、粥、米湯。米湯稱「泔」，可取代飯後的茶，或變酸後，做爲洗衣的漂白促挺劑〔註101〕。此煮飯過程，經濟實惠、環保，省時。

但以稻米所製成的各種精緻米食，其製作與烹煮的方式，則顯得較爲繁複，與耗時，且其營養價值相較於煮飯、粥高出許多。以粽子來說，粽子有分米粒類、及粿粉類二種，米粒類的粽子是以浸過水的糯米，可入豬肉、荸薺、香菇等材料以竹葉包裹起來，放入水中或蒸籠中蒸煮，此即肉粽、或加入蔬菜爲食材，以爲菜粽。粿粉類的粽子，則是將粳米放在水裡，浸泡一夜，中間換水二至三次，隔日磨成漿。米漿加熱後再以少量的煉油混合，放在蒸籠中蒸熟。以又米糕或油飯來說，其烹煮方式係以洗淨的糯米，放入蒸籠蒸煮，加入砂糖者爲「甜米糕」，混合油者爲「油米糕」。

再以米粉來說，其製作方式是將洗淨的白米加水磨漿，再把米漿裝入棉袋中壓榨出水分，形成粿粹，放入蒸籠蒸至半熟，用石臼搗軟，放置於一鐵

〔註100〕連橫，《臺灣通史》，引自王怡茹，《臺灣日治時期漢人米食生活之研究》，國立臺北大學，民俗藝術研究所碩士論文，頁20～21。

〔註101〕王怡茹，《臺灣日治時期漢人米食生活之研究》，國立臺北大學，民俗藝術研究所碩士論文，頁23～24。

桶中，此鐵桶底部有數十個小孔，由上施以壓力，粿粹被壓榨後變成線條狀，放入鍋中煮熟，撈起，風乾，形成米粉。而米篩目的製法半段與米粉同，製成粿粹後，將粿粹壓成條狀，放入沸騰的水中煮熟，即形成米篩目。年節祭祀常用的紅龜粿，也是以粿粹製作，其粿粹的原料係糯米混合少量的粳米。製作紅龜粿的粿粹，揉成一團團小圓狀，以少量的紅色素著色，並將備好的餡料包入，以餅模壓製成龜殼的形成，塗上花生油，置於月桃葉或芭蕉葉上，置入蒸籠中蒸。而湯圓的作法較紅龜粿簡單，將製好的粿粹，搓揉成球狀，放於水中煮，熟後撈起，加以糖水食用。以粿粹製成的精緻的米食者，尚有發粿，在粿粹中加入酵母、砂糖，置於陶製的甕中，放溫處使其發酵，再放入蒸籠裡蒸熟。

另鹹粿的作法，則將磨好的米漿，加入蘿蔔或芋頭或南瓜等，口味以鹹味為主。米漿與添加物一同置入鍋中炒，再放入鋪著白棉布的蒸籠中蒸熟。所製的鹹粿，依其添加物的不同，而有不同的名稱，如菜頭粿、芋粿、金瓜粿等。〔註 102〕

上述略舉以稻米製成的精緻米食，粽子與米糕，其烹煮的方式，較之於一般日常的米飯、粥品來說，製法已較為繁複，且使用糯米為其原料，其營養價值較秈米或粳米為高，黏性較佳，已是米食中屬高級的食物。再論米粉、米篩目、各類粿品，以粿粹為其產品的初始原型，再施以各類的技法，分別製成更為精緻的米食品，其製法更為耗時，使用的原料，營養價值更高，有些精緻米食更重視上色、或施以餅模壓製，以期有精美的外觀。可以看出，在傳統漢人的日常生活中，這些精緻的美食，並非天天可見，花費這麼大的功夫只為求溫飽肚子，似說不通的。

2、精緻米食製品在祭祀上的運用

上段所提到的精緻米食品，如粽子、米糕、油飯、米粉、米篩目、甜粿、鹹粿、紅龜粿、湯圓等，並非每日皆可食用。上述的精緻米食品，其製作、食用的時間與年節祭祀或重要的生命禮俗儀式有相當密切的關聯。以下以米粿類的米食品為例，分別就歲時禮俗及生命禮俗兩分項，說明它與祭祀的關係。

〔註 102〕王怡茹，《臺灣日治時期漢人米食生活之研究》，國立臺北大學，民俗藝術研究所碩士論文，頁 32～41。

（1）歲時禮俗中米粿製品的運用

　　大年初一，家家戶戶會除準備魚、肉、甜茶、橘子、清茶等祭品外，也準備發粿、甜粿等米製品作為祭品，元宵時節，全臺各地流行乞龜活動，所乞的龜品，有以麵製、也有以紅龜粿為之。清明祭祖，泉、漳祭祖之日有異，泉人過清明節，漳人過三日節，清明祭祖，首重牲醴及墓粿，漢人會以鼠麴粿祭祀祖先，鼠麴粿的製法略同於甜粿或紅龜粿，會以糯米混合鼠麴草，製成粿粹，加入餡料，蒸製。端午節，漢人習以肉粽、焿粽、油飯祭祖，客家族群尚會製作粄粽，粄粽的製法也是以米磨漿做成粄粹（即粿粹）內包餡料，再以粽葉包覆煮熟。六月十五日半年節在日治時期是普遍的節日，各家食用半年圓，此半年圓即是湯圓，取其團圓之意。七夕祭祀七娘媽，以紅龜粿，粽類祭祀。中元普渡各家各戶準備荼飯、粿、粽、水粿、雞、鴨、豬、牛、羊等物招待孤魂野鬼。另外中元祭祖，各家戶對準備粿類、糕仔、鳳梨或雞、鴨等肉類做為祭品。冬至自古有小過年之稱，家家戶戶會搓湯圓祭祖，並將湯圓黏於門戶器物上，此謂「餉耗」，或以粿粹搓成雞、狗、豬等各種鳥獸的造型，再把他們蒸熟祭祖，俗稱「做雞母狗仔」。至年末，農曆十二月二十四日送神過後，各家各戶準備磨米，蒸製過年用的粿品，也因製粿的過程相當耗費人力，往往需要動員全家人力，過年應景的年粿以甜粿、荼頭粿及發粿等較為普遍，除夕之日以饌盒、牲醴、葷菜、荼品、年糕等祀神、祭祖。〔註103〕

（2）生命禮俗中米粿製品的運用

　　在出生禮俗禮，小孩滿月之時，親友會以油飯、米糕、湯圓和紅龜粿的米製品慶賀。出生四月後，再以牲醴、紅桃、紅龜、酥餅等物祭祀祖先。度晬之日再以「做四月日」相同的物品及紅龜粿祝賀，以外婆家送來的紅龜粿及五牲在神明及祖先前祭祖。

　　在婚姻禮俗中，使用的米食製品有米糕、湯圓、米荖、大糕、糕仔餅、糝粉餅、轎心粄、爆棗的食品，不僅是雙方餽贈的米製品，部份米製品也用於祭神與祭祖之用。

　　在喪葬習俗中，親友在往生者出殯前將奠儀送到喪家至哀，喪家為答謝親友會在三七、五七、七七、百日、週年祭時，以米做的糕仔，白粿、麵粿

〔註103〕王怡茹，《臺灣日治時期漢人米食生活之研究》，國立臺北大學，民俗藝術研究所碩士論文，頁68～103。

作爲回禮，俗信若喪家不答紙的話，往生者的靈魂就無法使用親友贈送的禮物。合爐後，各家戶除每日早晚燒香膜拜外，每月的三、六、九日及初一、十五都要祭祀祖先，通常會以清茶、飯菜、紅龜、粿盒等物做爲祭品。另在祖先忌辰時會以牲醴、酒席、龜粿、飯米、員角黍……等做爲祭品。〔註104〕

　　綜合本段所介紹的精緻的米食製品，多使用於重要的歲時祭儀中做爲祭品，也在重要的生命禮俗中扮演重要的功能與角色，可用於祭祀，也用於饋贈親友之用。也由於米粿製品的製作耗時、耗力，且經濟花費大，故多出現於重要節日或生命禮俗儀式中。而這樣的特徵也與豆干出現的場合，有異曲同工之妙。

3、豆干與米粿製品在漢人生活中運用的比較

　　在本段之前，關於大溪豆干的飲食與禮俗運用，本研究發現豆干的運用，不管是製作方式，運用的場合、時機，多與節日的祭祀與飲食有關。對照於漢人的米製食品，在精緻的米製食品中，其運用的時機與場合，也有如此相似的特徵，以下本研究分別從，豆干與米粿類製品的製作方式、外觀特徵、營養及保存、使用的時機等面向，互做比較。

（1）豆干與米粿製品的製作方式與外觀特徵

　　豆干與米粿製品的製作方式，其最大的不同之處，當然在其原料的部分，豆干以黃豆爲原料，米粿製品以稻米爲原料。在其製作過程中，其相似處在前半段，兩者同樣經過，浸豆、磨豆、煮漿等階段，而米製品經過上述處理後，即可形成粿粹，得以此再進行後續的處理步驟。但豆干的製作過程，經過上述處理，只能形豆漿，還尚需經過點滷，以形成豆腐腦，再將水份排除，重壓以製成豆干。

　　在製作豆干時需個別的包覆，以製作成一獨立的豆干，此步驟的目的在讓豆干能維持完整性，以符合其成爲湊牲牲品的要求。在米粿製品的部份，完成粿粹後，依製作者的需要，分別加以不同的方式，製作成各類的米粿製品，以紅龜粿來說，在粿粹中加入餡料包覆，也是繁複的手續，在加以餅模印製，製作出的紅龜粿，也是具有完整性，符合祭品的「牲牷」之意。以製作湯圓來說，將粿粹一一小塊、一小塊的取小搓揉成圓形，也是取其圓滿之意。其他諸如甜粿、鹹粿等，亦是有此特徵。

〔註104〕王怡茹，《臺灣日治時期漢人米食生活之研究》，國立臺北大學，民俗藝術研究所碩士論文，頁 107～134。

豆干初完後為白色，需再加以黃梔的汁液上色，並蓋上官印。在紅龜粿的製作中，也是塗上紅色或參雜紅色色素，施以粿模，印出漂亮的外型。豆干的體型尺寸大約是 10 公分見方左右，而米粿製品，因其後續的製品不同，在尺寸上有較大的差異，大如紅龜粿，可達寬 10 公分，長 15 至 20 公分或更大。小至湯圓，形如球狀直徑約 1.5 公分。

（2）營養與保存

在營養方面，米粿製品稻米中更具營養價值的糯米所成，有些米粿製品，會增加內餡包覆，不僅添加了口味，也豐富的營養。而豆干由黃豆製成，經過了多道的工序，其營養較之於各類豆製品，是豐富許多，是豆製品中的菁華。在保存方面，兩者盡量將水份排乾，也因乾燥，其保存的時間可再延長，用於禮神或祭祀，也較能體現祭祀者的心意。

（3）在使用的時機上

使用時機意指祭祀的時機與食用的時機。以豆干來說，其祭祀有特定的對象，主要用於土地公及所管轄或同屬陰祀之神、鬼，其祭祀之日，至少在每月朔望，或初二、十六，另外在清明、中元、或祭祖之日，在一年中，祭祀時使用豆干的時機，可算是普遍的。而米粿製品的祭祀對象相當的廣泛，可用於陽祀，可祭高階的天神、祖先，在無主的祭屬上，也可使用。普遍來說，凡有祭祀皆可以用米粿製品。這是兩者在祭祀時最大的差異。

在食用的時機上，當然在祭祀後分福食用，就可見到此二類製品的出現。以豆干來說，出現的場合多在祭祀之的餐宴上，也因其祭祀對象多低階神靈，且用於喪禮的機會較多，故喪禮後的餐宴，及祭祀土地公後的餐宴等，出現豆干的機會較高。而米粿製品的祭祀對象較豆干為廣泛，但米粿製品不易入菜，多做為小食用，故出現於祭祀後的餐宴，的機會並不多，但其做為常民的小食，也多出現於祭祀之日或其後二、三天內。故兩者最大的相同點，食用的時機多在祭祀之日或其後。

另兩者在食用時，尚有一項共同的特徵，兩者皆是該類食品中的高階食品，也就是該類食品較為營養且精華的食品，故在一般日常生活中，不易見到兩者的出現，但以豆類食品來說，在一般日常的飲食中，較常食用的是豆腐；以米製品來說，較常食用的當然是日常的主食稻米。也因兩者主要的功能在祭祀用途上，係用於滿足人們的精神層面的生活，用於食用的部份反而是它們的次要功能。以豆干來說，其烹煮的技法有限，多用於炒、滷、煎等，

且價格較豆腐爲高，故不易發展出多樣菜色，也就不易形成的豆干宴。同樣的在米粿製品上，多用於小食，這些米粿製品，不易搭配其它的食材，用只能單獨食用，更不易發展出米粿宴或紅龜粿宴了。

第五節　豆干湊牲禮俗與族群祖籍的關係

　　第四節從豆干的外觀、在湊牲時組合的牲品及位置，來探究湊牲禮俗。禮俗的形成有其自然環境上的條件，而禮俗也具有世代承傳不易變動的特性，以下本研究擬從族群祖籍的角度，來探究豆干湊牲禮俗可能形成的時間，以及當時自然環境的條件。

　　大溪地區的居民，大多數的先祖來自於福建漳州的客籍族群居住地，如詔安縣秀篆、霞葛、官陂、平和縣大溪及南靖縣的梅林、書洋等地，藉由各姓族譜及家譜的記載，再往上推，其原居地來自於福建省的汀州地區。另外除桃園大溪鎮，在臺中市的豐原區、潭子區及北屯區，也是屬於漳州客籍族群聚居比例較高的區域，本研究實地走訪上述各地，以半結構式的訪談，以瞭解現今上述各地的豆干運用於湊牲的情形，透過原鄉及臺灣其他地區族群結構相似地區的比較，來佐證大溪地區豆干禮俗的承傳性及其價值。今以地區別分述各地採訪的結果：

一、豆干禮俗在福建原鄉地區運用的情形

（一）福建詔安縣秀篆、霞葛、官陂及平和縣的大溪鎮

　　在福建詔安縣及平和縣的客籍族群居住地，當地的牲醴內容有以下項目：豬、雞、鴨、魚、豆干等，以上述的牲品組成五牲或三牲，而豆干湊牲是古老的習俗，現今因生活富裕，多以改爲豬、雞、魚等牲品組成三牲，豆干湊牲以不常見。豆干湊牲的五牲及三牲祭品，用以祭祀土地公，當地在初二、十六有做牙的習俗，平常的牲醴，以豆干、蛋及豬肉所組成。在春節時拜神及老祖宗用豆干及米菓祭祀，在中元普渡時牲醴會以豆干湊牲，當五牲湊不齊時，會用豆干湊。當地有一說法，所謂三牲，是依畜牲的繁殖方式來區分，第一類爲卵生，如雞、鴨，第二類爲胎生，如豬，第三類爲花生：如豆干，是大豆製成的。由此三類的物種中各選其一，來組成三牲。另外在喪

事送山後,如同臺灣,也有散情宴,在這一餐中,習慣會有豆干料理。〔註105〕

（二）福建南靖縣書洋、梅林兩鎮

當地係閩客混居之地,大部分的客家人會用豆干當做牲醴的一牲,而閩南人則較少有此情形〔註106〕,三牲牲品的內容以肉、雞或鴨擇一,魚,若無魚牲,則用豆干代替。當地清明掃墓時,先拜祖厝,即祖祠,再至風水處祭拜祖先,拜祖厝時會準備三牲或五牲祭品,大部份用魷魚及豆干來湊牲,再拜風水時,祖先的部份會用牲醴祭祀,此牲醴應以豆干湊牲。在7月15日時也會祭祖厝,也以豆干湊牲的牲醴祭祀。〔註107〕

（三）福建汀州地區

在汀州上杭地區,五牲的祭品以豬腳或豬肉、雞或鴨、魷魚、豆腐干、水果等,三牲牲品的內容有豬肉、豆腐干、魷魚或目魚、蛋,其中豬肉是必需備的,另豆腐干及魷魚或目魚,則視祭祀對象而有別。以祭祀天公來說,可準備葷食,豬肉一片、豆腐干可要也可不要,高階神明則以魷魚為主。當地湊牲甚少用雞。祭祀觀音或寺廟中的菩薩,則以素食為主,可準備豆腐、豆腐干。祭祀土地公方面,當地不常祭祀土地公,在先人墳墓挖土施作前,須以三牲祭祀土地公,此三牲祭品內容為豬肉一片、魷魚又豆腐干。在風水做好後,以及日後的掃墓,僅需祭祀先人即可。在祭祖時,需準備豬肉一片、目魚及豆腐干,此豆腐干是必需的。另在節日時,祭祀家中的菩薩,只用一般的三牲,由豬肉、魷魚及豆腐干組成〔註108〕。

在汀州的寧化地區,較少以豆腐干來湊牲,當地的祭祀場合,如屬較大場面,其三牲祭品為豬頭、牛頭及羊頭;若為一般場合,則以公雞、豬肉及草魚組成的三牲來祭品,當地的老人家過世,其喪事辦理結束後的最後一餐,

---

〔註105〕本研究於 2012 年 7 月 13 日在福建漳洲平和縣大溪鎮江寨村江姓宗祠夢筆堂,採訪江子永、江吉祥及江庭林先生所得;另於 2012 年 7 月 14 日在福建漳洲詔安縣秀篆鎮市場旁黃銘德宅,訪問黃銘德、王象炮先生所得。

〔註106〕本研究於 2012 年 7 月 15 日在福建漳洲南靖縣書洋鎮書洋村內坑組 14 號,採訪蕭水勇、李建昌先生所得。

〔註107〕本研究於 2012 年 7 月 15 日在福建漳洲南靖縣書洋鎮書洋村內坑組 3 號,採訪蕭紅柑女士所得。

〔註108〕本研究於 2012 年 7 月 16 日在福建汀州上杭縣西門市場,採訪林琴英女士所得。

一定會有白豆腐，當地稱之「吃某人的豆腐餐」〔註109〕。

　　綜合上述的田野調查結果，配合本研究主要研究區──桃園縣大溪鎮的田野調查資料，本研究發現，就牲體的內容來看，在詔安縣及平和地區以豬肉、雞及魚為現成三牲祭品的主要內容，但過去也以豬肉、蛋及豆干組湊牲，在南靖縣的梅林及書洋兩則以豬肉、魷魚及豆干來組成三牲，在汀州則大型祭祀活動則以盛大的牛頭、豬頭與羊頭為三牲，一般祭祀則以豬肉一片、魷魚及豆腐干，組成三牲祭祀，就牲品的內容來看可以發現隆重的場合與一般的祭祀三牲祭品仍有差別，豬肉、全雞及魚仍是隆重的三牲祭品，在漳州的詔安及平和縣，漸以魚牲為常見的牲品，而豆干湊牲的運用情形漸少，主要原因在於生活逐漸富裕且當地距海較近，魚類資源較易取得，再加上冷藏技術進步，故以更能表示誠意的魚來組成牲品，這是可以理解的。在南靖地區，以豬肉、魷魚或目魚及豆干，主要是本地較內陸，距離汀州較近，仍能維持豆干湊牲，而且在汀州地區及南靖縣梅林、書洋等地區，還以魷魚或目魚做為湊牲牲品之一，其所使用的魷魚是乾魷魚，因保存乾燥，故可運送至內地，而內地的魚類資源不豐，故大多只有在重要祭祀時才以體型較大的草魚為魚牲，客家地區會以豬肉、魷魚及豆腐干組成三牲祭品是有其自然環境的條件。

　　以豆腐干來湊牲在客家地區的運用是較為常見，甚至已形成客家族群一道美食佳餚，遠近馳名的客家小炒，便是以三層肉、魷魚及豆腐干加上芹、蔥、蒜等炒至爆香。而這三層肉、魷魚及豆腐干就是客家族群日常祭祀後的三牲牲品。而客家小炒不僅在臺灣知名，即便在福建原鄉的汀州地區以及廣東省甚至遠至東南亞地區有客家族群居住的地區，都以客家小炒做為客家族群的特色美食。

　　就上述的討論來看，豆干湊牲的禮俗少在汀州原鄉地即以形成，在客家族群向外擴散前應就完全成熟，隨著客家族群的向外擴散，帶著原鄉的習俗至新的天地生活。根據羅香林的《客家源流考》所述，客家族群約在唐末受黃巢事件影響，漸由皖、豫、鄂、贛等地遷至皖南、贛之東南、閩之西南、以至粵之東北。大約在南宋高宗南渡、金人南下、元人入主的影響在由閩之西南遷至粵之東部、北部〔註110〕，就此本研究推測，客家族群豆干湊牲的禮俗至少在北宋

〔註109〕本研究於 2012 年 7 月 17 日在福建汀州寧化石壁客家祖地，採訪雷金運先生所得。
〔註110〕羅香林，《客家源流考》臺北：世界客屬第二次懇親大會備委員會，1973 年，

時期即已形成或甚更早。然此部份的推論，尚需針對閩南族群的湊牲禮俗做完整的研究，方能對豆干湊牲的禮俗形成的時間有更精確的推測。

　　以豆干湊牲的牲品其祭祀對象來看，受限於本研究採訪時間，無法全面性的觀察大陸各原鄉地區，豆干湊牲在祭祀上運用情形。今就訪談所得的資料進行簡略的分析與評論。在漳州的詔安縣及平和縣豆干湊牲的三牲祭品，可做牙，祭祀土地公，用來祭祖及中元普渡時可用於祭祀孤魂野鬼。就其豆干湊牲牲醴運用的情形與大溪地區接近。在漳州的南靖縣梅林及書洋兩鎮，掃墓祭祖，會以豆干湊牲的牲醴祭祀，更往上至汀州上杭地區，祭祖、祭祀土地公及一般祭祀時，祭祀家中的菩薩。就上述各地豆干湊牲的牲品，其祭祀的對象也如大溪地區，多以低階的神明為主，另一最鮮明的特色是祭祖。在上述地區，皆會以豆干湊牲的牲醴來祭祀祖禮。這是一項極為鮮明的客家禮俗。在清初周鍾瑄的《諸羅縣志》：

> 以下四條，雜記客莊之俗：……惟元旦、除夕、五日，餘皆無之，
> 明清祭於墓，盡日潦倒而還，無忌辰，凡祭，極豐不過三牲，口誦
> 祝辭，遍請城隍、土地諸神，云祖先不敢獨食也。夫儕祖先於神而
> 並之，祖先能安坐而食乎？亦惑矣。〔註111〕

上述提到客莊祭祖風俗，其祭品以三牲為最豐，在二百八十年前的家祭祭祖，客家人即以三牲祭祖，雖從上段文字中看不出是否以豆干湊牲的祭品來祭祖，但對照本研究在大溪的田野調查結果，應是以豆干湊牲的三牲來祭祖無誤。往上推回漳州原鄉地區及汀州原鄉地區，以豆干湊牲的牲醴也用於祭祀祖先。上段記載，客家人祭祖以三牲做為祭品，祭祀時遍請諸神，此舉是因以牲醴祭祖，祖先不敢獨食。周鍾瑄個人評論認為客家人將祖先視與神的地位相同，如此祖先在饗食時會坐的安穩嗎？然客家人對祖先的崇敬不低於對土地公的敬意，甚至超越了對土地公的崇敬。在漳州南靖地區，漢人掃墓時以三牲祭祀祖先，而以糖果祭祀土地公，在汀州上杭地區，只有在動土做墓時會祭祀土地公，往後掃墓時大多不祭祀土地公。另汀州上杭地區逢九月初九重陽節時，更是大節，在外地的遊子，當日要返家，祭祖〔註112〕。由上例

頁36～37。
〔註111〕周鍾瑄，《諸羅縣志》，南投：臺灣省文獻委員會，1993年，頁144～145。
〔註112〕本研究於2012年7月16日在福建汀州上杭縣西門市場，採訪林琴英女士所得。

可見客家人非常重視祖先，其在祭祀的地位上不下於社神。

　　在祭祖時以豆干湊牲的牲醴做爲祭品，也可將祖先視爲與常民較爲親近的人鬼，漢人對於不同的祭祀對象以不同的祭儀、祭品來崇奉，位階越高，祭品越爲尊貴，與祭祀者的關係越親近，所用的祭品也越趨近於平日盛饌，客家族群重祖，以豆干湊牲的三牲祭品，來敬祀祖先，顯示對先祖的敬意。以祖先所傳下來的豆干來湊牲也可看出與祖先們的關係較其他高階神明的親近。

　　以豆干做爲湊牲的牲品來祭祀，也可看出大溪地區族群重祖不忘祖的意涵。在福建汀州的原鄉地區，豆類製品在常民飲食的運用十分廣泛，傳至漳州地區及桃園大溪地區食用豆腐的習慣依然保存。在過去原鄉地區，這些族群的民眾也以豆干來湊的三牲祭品來祭祖，這樣的祭祀習慣也保存到大溪，由祭祀者的角度來看，以家鄉傳統的高檔豆類食品來祭祀，可以理解祭祀者敬祖，重祖的心意，恣意的更改牲品內容，祖先可能不合口味，因而失去了祭品的功能與意義。故以豆干來湊牲的習俗，自然就更不易變動。

　　除此，漢人也喜愛以祭品名稱，連結接近的音韻，轉化爲吉祥語，祈求祭祀對象的降福。以豆干來湊牲，「干」字音同「官」，吃豆干做大官，以豆干湊牲的祭品來祭祀，也薀涵者後世子孫，祈求祖先們保祐，以求官名。同樣的豆腐的腐字其音同福或富，以豆腐干來湊牲，其中也隱藏著祭祀者祈求祖先能保祐後世富裕與福氣。客家人在新廚房落成時，其親朋好友都會送上不少的豆腐，意思是讓豆腐帶給主人大富大貴。這種風俗習慣，客家人稱之爲「養灶」，又客家人在喬遷新居的喜宴中，其第一道菜一般是豆腐，客人在吃這道菜時不能把豆腐全吃了，也不能中途回碗（即不能把此碗拿回廚房週轉），這是因爲「腐」諧音是「富」，「豆腐」諧音「頭富」，「腐餘」諧音「富餘」、「富裕」。意思是祝賀主人遷入新居以後會賺錢發財，成爲頭等富裕的人家〔註113〕，此即上述之例証。

　　關於豆干湊牲禮俗田野調查實例中，本研究也發現豆干湊牲的祭品在喪禮中的運用相當的廣泛，在本章第一節及第二節說明中，豆干湊牲可運用於開魂路、入木功德、做七、出山功德、家祭的排牲醴、排路祭、百日、對年、三年等儀式中的祭祀場合，而且在這些祭祀場合中，以豆干來湊牲係屬必要的，且其祭祀對象不僅是亡者，也用於請神，而且在祭祀儀式的中途休息會

〔註113〕中國上杭網 http://app.shanghang.gov.cn:82/gate/big5/www.shanghang.gov.cn/hsly/shrw/fw/jqss/200902/t20090216_9499.htm，上網日期：102 年 3 月 2 日。

以豆干做為點心的配料，在出葬後的「散情」宴中也多有豆干的料理。故在老一輩的大溪人口中，會說到「吃某人的豆干菜」意味著某人已過世了。

回溯至原鄉地區，在汀州上杭，看過入斂的人一定要在天空下吃「財食」蛋以除晦氣，農村「財食」有以豬肝或豆腐干充用的〔註114〕。而在汀州的寧化石壁，凡有老人家喪事辦理完了，最後一餐（如同臺俗的散情宴）中定有白豆腐的料理。在桃園縣龍潭鄉的客家風俗中，在先人送出回來後，喪家必定準備豆腐干切片六至八塊，供送葬的人員食用〔註115〕。

關於此風，有一說如同上述，因腐的客家音同福，分腐如同分福，但也有一說為避惡氣，（見本章第三節新正早齋段），在本研究認為此兩種說法，皆可解釋豆干用於喪禮的意義。

二、豆干禮俗在臺中平原地區運用的情形

臺中平原地區，在過去即屬漳州籍漢人聚居之地，根據日治時期昭和元年（1926年）臺灣總督府官房調查課，進行「臺灣在籍漢民族鄉貫別調查」，在臺中市的大屯郡及豐原郡漢民族群結構，今整理如下表：

表 4-4 臺中大屯郡、潭子及北屯區本島人（臺灣在籍漢民族）鄉貫別人口表

街庄別	福建省			廣東省			人口總計
	泉州府	漳州府	汀州府	潮州府	嘉應州	惠州府	
臺中市	59	227	——	——	10	4	305
大屯郡	62	611	35	9	42	25	800
豐原郡	211	225	13	91	52	71	709

單位：百人　資料來源：臺灣在籍漢民族鄉貫別調查，頁6～7。

上表中可以看出，日治時期臺中市及大屯區的漢民主要籍貫是漳州府，約各佔當地總人口的 74.42% 及 76.38%，兩處可算是漳籍漢民的聚居地，其

〔註114〕上杭縣地方志編纂委員會，《上杭縣志》，福建：福建人民出版社，1993年，頁874。

〔註115〕本研究於100年7月13日在桃園省龍潭鄉大順路66號黃俊賢宅中，採訪黃俊賢先生所得。

範圍屬今日的臺中市東、南、西、北及中區的範圍，而大屯區則屬今日的大里、霧峰、太平、北屯、西屯、南屯、烏日等地。另豐原的漳籍漢民只佔全區的總人口數的 31.73％，但因其東方為東勢區，客家籍是東勢街漢民的主要籍貫，豐原地區越往東方，越接近山區，也越接近客籍漢民的居住地，而內埔及神岡區則較接近海邊，泉州籍比例較高，在豐原中區的大雅、潭子及部份的豐原區域則漳籍漢民較高。總的來說，在臺中大肚山以東的平原地帶，應是漳州籍漢民的主要聚居地。

另外吳中杰提到，開發臺中平原的「六館業戶」之一的廖朝孔為詔安縣官陂鎮移民，豐原有南靖縣梅林魏姓、詔安縣官陂廖姓、秀篆游、呂姓等，潭子有詔安秀篆的呂、游姓，霞葛林姓（為最大姓），平和大溪江姓、南靖梅林魏姓等客家族群入墾，但潭子林姓，不全是霞葛客屬，另有永定林姓、詔安五都福佬林姓，西屯區詔安廖姓至今仍是當地的大家族〔註 116〕。由上述可以推測，在臺中市的平原地區，應是漳州客籍居民聚居之地，甚至當地的大姓家族與桃園地區的大姓是一樣的。

本研究另以臺中市平原地區的豐原、潭子、北屯及西屯〔註 117〕做為另一做為研究範圍，以半結構式的訪談，以期勾勒出當地豆干的大致輪廓。首先介紹當地大豆干的型制，當地祭祀用的大豆干有以下兩種型式：

圖 4－19　臺中市潭子區大豆干

圖片說明：豆干外型為 8×8×2.5cm，呈黃色，中間有一方形的豆干印。

圖片來源：筆者自攝，2013.5.11 於臺中市潭子區祥和路 173 號漢國豆腐店。

〔註 116〕吳中杰，〈臺灣漳州客家分佈與文化特色〉，《客家文化研究 2》1999（6），頁76～77。

〔註 117〕臺中市大肚山以東的平原地區幅員遼闊，受限的本研究的人力及時間，無法做全面的田野調查，故以豐原、潭子及北屯，為主要的調查區域。

圖4-20　臺中市豐原區發干

圖片說明：豆干外型為 8×8×2.5cm，呈黃色。

圖片來源：筆者自攝，2013.5.15 於臺中市后里區安眉路 62-5 號日紳食品有限公司。

　　兩種豆干皆是臺中豐原、潭子、北屯及西屯地區流行的大豆干樣式，製作技法與大溪地區的大紅豆干相似，皆以糖烏染色。兩者在外型上最大差異應是豆干印，在漢國豆腐店所生產的大豆干，有豆干印，而日紳食品公司所生產則無。兩家豆干工廠皆生產種類多樣的豆類製品，但以仍以豆腐、大豆干為其傳統的豆類產品〔註118〕。兩家受訪的豆干廠商不約而同的提到，在過去平日時不常生產大豆干，一但遇有節日祭祀時便會生產大豆干，以供祭祀的需要〔註119〕。

　　在各項傳統節日中，豆干銷量最佳的節日是過年，在除夕，需祭祀天公及拜祖先，豆干的銷售量是最大的。大豆干銷量第二佳的傳統節日是中元節，以豆干湊牲的三牲祭祀普渡公是很普遍的。第三大的銷售節日是清明節，在清明節當日是不殺生。掃墓前先祭祀自己家中的祖先，此時用豆干湊牲的比例高，掃墓時，祭祀土地公時以三牲祭祀，可用豆干，祭祀祖先有的用撿碗，但也有用豆干湊牲的三牲祭品來祭祀。豆干銷售量第四大的傳統節日有尾

〔註118〕本研究於 102 年 5 月 11 日在臺中市潭子鄉祥和路 173 號，採訪劉俊國先生及 5 月 15 日在臺中市后里區安眉路 62～5 號，採訪鍾欽智先生所得。據劉俊國先生所述，其師承技術來自其祖父，其祖父劉鼎榮為四川籍榮民，其早期生產的豆類製品為豆腐、豆干、油豆腐，豆腐乳，醬菜，味噌，可以黃豆發酵的醬菜，也做醬油。其生產的豆干即為大豆干，當時便以焦糖染色。而後劉家再自行研發小豆干，中華干、薄片干等豆干產品。而鍾欽智先生的師承技術為其父親鍾海連，早期為養家到北屯區向當地的豆腐商學習製作技術，最早生產豆腐、豆干（發干）、及油豆腐，而後鍾欽智先生再到臺南、屏東地區學習其他豆腐、豆干的製作技術。其早期生產的發干即為祭祀用的豆干。

〔註119〕本研究於 102 年 5 月 11 日在臺中市潭子鄉祥和路 173 號，採訪劉俊國先生及 5 月 15 日在臺中市后里區安眉路 62～5 號，採訪鍾欽智先生所得。

牙，當地祭祀土地公時可以用豆干湊牲的三牲祭品來祭祀，以三牲祭祀土地公的節日只有頭牙及尾牙，其餘初一、十五或初二、十六的做牙則多以水果祭拜；另端午節當日豆干銷售與尾牙一樣，同屬第四大節日，端午當日會祭祀祖先，會用豆干來湊牲。另外重陽節也會祭拜祖先，豆干銷售是也是較高的日子。在新生兒剛出生時，若有小兒關煞，會以小豆干、小素雞搭配小鴨蛋或小雞蛋，組成小三牲，以供破除關煞。當地廟會活動時，也會有民眾訂購 100 塊至 400 塊的豆干與十方信眾結緣〔註120〕。

　　根據上述，在臺中的豐原、潭子及北屯地區，當地祭祀土地公及祖先時，也會以豆干湊牲的三牲祭品來祭祀，遇有小兒關煞時，也會以豆干湊牲組成的。此點與大溪地區約略相同。此區優勢族群與桃園大溪地區同屬漳州客籍的族群，兩者皆有以豆干湊牲的習俗存在。

　　總括本節所述，大溪地區的豆干湊牲禮俗，源自於原鄉地區傳承，自是無誤，不僅在大溪地區，甚至在族群祖籍特色相近的臺中平原地區，也可找到以豆干湊牲的實例。豆干湊牲的習俗不僅出現在福建漳州籍客家族群聚居地區，在廣東籍客家族群的聚集區域，也可找到實例。顯見桃園大溪地區的豆干湊牲禮俗，是具有歷史傳承性的。

　　桃園大溪的豆干湊牲禮俗相較於臺中的豐原、潭子、北屯及西屯地區，或甚至比起福建的漳州原鄉或是汀州原鄉，是保留較完整的。在本研究中受限於人力與時間，不易在福建原鄉及臺中平原地區做更有系統的觀察及田野調查，故所蒐集到的湊牲實例，不若桃園大溪地區豐富與完整。但從另一思考方向來看，桃園大溪的豆干業，因觀光活動的興盛而蓬勃發展，也因此豆干是相當容易取得的，再加上近年產業文化化的潮流，豆干的製作古法被相對穩定的保留下來，豆干的型制變化較少。再者，桃園大溪地區在日治時期縱貫鐵路完成後，交通位置優越性不在，不易吸引外來人口的移入，人口成長幅度不大，其福建漳州裔的族群特色相對保留下來，在人口上，量的變化不大，其民俗的本質相對地變化也較小，故豆干湊牲的禮俗，也會保留的較為完整，這突顯了桃園大溪地區是豆干飲食與禮俗研究的珍貴區域。

〔註120〕本研究於 102 年 5 月 11 日在臺中市潭子鄉祥和路 173 號，採訪劉俊國先生所得。

第五章　結　論

　　豆干在大溪地區是一項遠近馳名的食品，豆干何以成為一項地方特產，是引發我進而研究的最初動機，回顧本研究的目的，主要為探討大溪豆干在當地飲食文化中物質、制度及精神三層面上運用的情形。本研究從族群遷移的角度，透過田野調查與文獻整理的方式，有以下的發現：

　　在物質文化層面上，大溪黑豆干及大紅豆干的製作流程皆經由浸豆、磨漿、過濾、煮漿、點滷、壓製、調味、染色等過程製成，黑豆干染色的次數紅豆干為多，因糖份碳化，故顏色顯得較大紅豆干為深；在製作過程中，大溪地區保留一個個手工包覆的繁複步驟，豆干的正上方皆有豆干的官印，在染色上則以焦糖染色，有別於原鄉地區的黃梔液染色，製工遠較豆腐繁複；在飲食運用上，豆干的食用時機多在節日祭祀或重要的生命禮俗的祭祀之後，做為宴客的食材也頗受歡迎。紅豆干多運用於漢人飲食上副食品的菜色料理上，而大溪的黑豆干除用於上述的料理之外，也流行用於小食，即一般的零食，此一情形與清朝時期江浙地區所流行的「回湯豆腐干」，有約略相同的意義；其料理的方式則以煎、炒及滷三種技法為主。

　　在制度文化層面上，大溪地區漳州客籍漢人，習在大年初一新正早齋中食用豆干，此俗在現今漳州原鄉地區仍舊保留，可能與元日食五辛盤或食大豆兼糖散之的習俗有關，主要的目的在使用五臟運行順暢或避免歲中惡氣。在生命禮俗上，豆干在喪儀中運用廣泛，在福建原鄉亦是如此。

　　在精神文化層面上，從豆干的製作技法上及飲食運用上可以明顯的看出豆干除了食用上的功用外，也具備祭祀上的功能，豆干可用於湊牲，與豬肉、全雞或其他牲體組合成三牲或五牲祭品，以豆干湊牲的三牲祭品，祭祀的運

用頻繁，在吉禮上，可用於祭祖、祭祀土地公、玄壇元帥、犒軍等，在凶禮的運用上，喪禮時用於祭祀亡者及做七、百日、對年、三年時過王或喪禮的入木功德、出山功德請神時的三牲祭品，祭祀無主孤魂屬鬼，以及避煞、改運時用以祭祀穢氣，邪靈等。另在嘉禮上，用於祭祀各類小兒關煞的煞星等。

豆干可運用於湊牲，最主要原因是傳統上豆腐即被視為肉類的替代品，以其取代一種牲品，用來祭祖、祭祀與漢人較為親近的土地公及其所屬的神靈等，表示與祭祀對象親近之意。豆干湊牲的禮俗反映了大溪地區的漢人族群，在原鄉地區時，豆腐或豆類製品在日常的生活飲食上，有相當廣泛的運用，將豆腐或豆類製品精緻化，製成豆干，每一塊豆干皆是完整的個體，並予以染色，如此複雜的製程，即是賦予豆干在祭祀上的功能，以表祭祀者虔誠的心意。而這樣的湊牲禮俗，本研究推測至遲在宋代時便已形成。

大溪豆干之所以成為大溪地區的代表性產物，本研究認為，在清末大溪地區憑藉著優越的地理位置及豐富的山林資源，因而多種產業發達，勞力眾多，經濟繁榮，促成大溪地區勞工的高所得，大溪地區的消費力高，也因發達的產業多為勞力密集的產業，對蛋白質的需求殷盛，豆腐、豆干含有較高的植物性蛋白質，營養價值高，故對豆腐、豆干的需求也較其他地區為高。如此的市場需求，為大溪豆腐、豆干業的發展，舖下良好的基礎。隨後在日治時期，交通基礎建設，逐漸完成，大溪的交通位置優勢不在，經濟發展歸於平淡，人口移入減少，大溪地區較能保有其漳州客籍後裔聚居地的特色，族群特色的穩定，相對地其禮俗的特色也較能保存。

而後大溪地區又因觀光業的發達，再次帶動了人潮與商機，豆干的特性，相當的適合旅遊活動，也因此成為了旅活動的最佳休閒食品，進而成為大溪知名的地方名產，不僅行銷全臺，更進軍世界。同時，受產業文化化的影響，大溪豆干的傳統製作技法，被保留下來，傳統的豆干在大溪地區來說是極易取得。也因此大溪地區豆干飲食與禮俗特色相較於其他同是漳州客籍後裔族郡聚居的地區，是更完整的保留下來。此點正是大溪地區在豆干飲食與禮俗研究上的珍貴價值。

在這一系列的研究中，本研究體會了民俗的重要特色性：傳承性與地域性。透過回溯族群遷移的路線，本研究歸納出，大溪地區的大豆干在客家人日常生活中運用的共通性，也從大溪地區及其族群的原鄉的環境特色，探討豆腐、豆干被廣為運用的可能性，因而提出上述的結論，這樣的結論也豐富

了大溪豆干目前的研究成果。而本研究未來可以繼續研究的方向有二，可以繼續探究閩南族群，包含漳、泉二籍的閩南漢人等，豆腐、豆干在生活中的運用狀況，亦或是針對廣東籍客家族群的豆食文化做更完整研究，以期能更完整的呈現豆食文化在臺灣漢人生活的樣貌，更印證並強化本論文的研究，期待本論文是個開端，未來能以此為基礎，而有更廣泛的研究。

參考書目

一、中文專書

1、古籍文獻

1. 熊禮匯注釋，《新譯淮南子》，臺北：三民書局股份有限公司，2012 年。
2. 沈約，《宋書上》，臺北：臺灣商務，2010 年。
3. 許慎著，段玉裁注《說文解字注》，臺北市：藝文印書館股份有限公司，2005 年。
4. 凌濛初，《初刻拍案驚奇下》，臺北：臺灣古籍出版有限公司，2003 年。
5. 左秋明傳、杜預注、孔穎達正義《春秋左傳正義》，臺北市：臺灣古籍出版有限公司，2001 年。
6. 國立編譯館編，《十三經注疏 6 周禮注疏上》，臺北：新文豐出版公司，2001 年。
7. 國立編譯館編，《十三經注疏 4 毛詩正義中》，臺北：新文豐出版公司，2001 年。
8. 戴聖，《禮記》，臺北：臺灣開明書店，1991 年。
9. 不著撰者，《黃帝內經》，北京：北京人民衛生出版社，1988～1991 年。
10. 宗懍原著，譚麟譯注，《荊楚歲時記譯注》，湖北：湖北人民出版社，1985 年。
11. 左秋明，《國語》，上海：上海古籍出版社，1978 年。
12. 穆學稼，《堅瓠瓠補集卷之二》。收錄於《筆記小說大觀二十三編》，臺北：新興書局有限公司，1978 年。
13. 李時珍，《本草綱目》，北京：人民衛生出版社，1975 年。

14. 孫詒讓，《周禮正義冊二卷 23》〈牧人〉，臺北：臺灣中華中局，1968 年。

15. 陳敷，《農書》，收錄於王雲五主編叢書集成簡編農書及其他二種，臺北：臺灣商務印書館，1966 年。

16. 不著撰者，《毛詩》，收錄於四部叢刊經部，上海涌芬樓景印宋刊本，臺北：臺灣商務印書館印行。

17. 韋昭注，《國語》，宋紹興十九年（1149 年），明弘治間（1488～1505）南監修補本。

18. 羅懋登，《新刻全像三寶太監西洋記通俗演義，第十六卷》，步月樓翻明萬曆本。

2、專書

1. 林正芳，《頭城搶孤：歷史、祭典與工藝》，宜蘭：宜蘭縣立蘭陽博物館，2011 年。

2. 黃文秀，《大溪城上的月光》，桃園：著者發行，2010 年。

3. 林海音編，《中國豆腐》，臺北：大地出版社出版，2009 年。

4. Jonathan Grix 著，林育珊譯，《TOP 研究的必修課──學術基礎研究理論》，臺北：寂天文化，2008 年。

5. 夏學理，《文化創意產業概論》，臺北：五南出版社，2008 年。

6. 仁安宮重建委員會，《內柵仁安宮重建廟誌》，桃園：仁安宮重建委員會，2007 年。

7. 馬書田，《全像中國三百神》，臺北：新潮社，2007 年。

8. 廖明進，《大溪風情》，桃園：財團法人和平禪寺文教基金會，2006 年。

9. 蘇明如，《解構文化產業》，高雄：春暉出版社，2004 年。

10. 行政院文化建設委員會，《文化白皮書 2004 年》，臺北：行政院文化建設委員會，2004 年。

11. 陳世榮，《大溪鎮誌歷史篇》，桃園：大溪鎮公所，2003 年。

12. 顏昌晶，《大溪鎮誌經濟篇》，桃園：大溪鎮公所，2003 年。

13. 盧秀華，《大溪鎮誌文教篇》，桃園：大溪鎮公所，2003 年。

14. 王世駿，《大溪鎮誌文教篇》，桃園：大溪鎮公所，2003 年。

15. 周躍紅，《臺灣人的漳州祖祠》，中國廈門：國際華文出版社，2002 年。

16. 福仁宮管理委員會，《大溪福仁宮沿革簡介》，桃園：福仁宮管理委員會，2002 年。

17. 黃淑芬，《2001 年大溪文化節──神恩、豆香、木器馨──深度系列報導》，桃園：大溪鎮歷史街再造協會，2001 年。

18. 朱高峰，《產業大觀》，臺北：牛頓出版社，2001 年。

19. 吳密察、翁佳音、許賢瑤編《荷蘭時代臺灣史研究下卷》，臺北：稻香出版社，2001 年。

20. 黃興宗，《李約瑟中國科學技術史第六卷第五分冊》，北京：科學出版社，2000 年。

21. 許雪姬，《板橋林家——林平侯父子傳》，南投：臺灣省文獻會，2000 年。

22. 李文生、張鴻祥，《吃在汀州》，北京：中國言實出版社，2000 年。

23. 林明德，《大溪豆腐系列文化研究》，臺北：財團法人中華民俗藝術基金會，1999 年。

24. 李秀娥，《祀天祭地》，臺北：博揚文化事業有限公司，1999 年。

25. 徐福全，《臺灣民間傳統喪葬儀節研究》，臺北：徐福全，1999 年。

26. 漳州市地方志編撰委員會，《漳州市志，第一冊》，中國社會科學出版社出版，1999 年。

27. 漳州市地方志編撰委員會，《漳州市志，第二冊》，中國社會科學出版社出版，1999 年。

28. 詔安縣地方志編纂委員會，《詔安縣志》，北京市：方志出版社，1999 年。

29. 行政院文化建設委員會，《文化白皮書》，臺北：行政院文化建設委員會，1998 年。

30. 張素玢、陳世榮、陳亮州，《北桃園區域發展史》，桃園：桃園縣文化中心，1998 年。

31. 詹德筠，《大溪煤礦誌：礦業始末資料編錄集》，桃園：著者發行，1997 年。

32. 林滿紅，《茶、糖、樟腦業與臺灣之社會經濟變遷》，臺灣：聯經出版事業公司，1997 年。

33. 林朝榮、呂學俊，〈大溪三峽煤田地質調查報告〉，收錄在詹德筠編，《大溪煤礦誌：礦業始末資料編錄集》，桃園：著者發行，1997 年。

34. 王世慶，《淡水河流域河港河運史》，臺北：中央研究院中山人文社會科學研究所出版，1996 年。

35. 伊能嘉矩、楊南郡譯注，《臺灣踏查日記》，臺北：遠流，1996 年。

36. 朱景英，《海東札記》，南投：臺灣省文獻委員會，1996 年。

37. 張紫晨，《中國民俗與民俗學》，臺北：南天書局有限公司，1995 年。

38. 王增能，《客家飲食文化》，福建福州：福建教育出版社，1995 年。

39. 趙齊川，《豆製品加工技藝》，北京：金盾出版社，1994 年。

40. 宋朝權，《產業競爭分析專論》，臺北：五南出版社，1994 年。

41. 平和縣地方志編纂委員會,《平和縣志》,北京市:群眾出版社,1994 年。

42. 陳正祥,《臺灣地誌 下冊》,臺北:南天書局有限公司,1993 年。

43. 河南省文物研究所,《密縣打虎亭漢墓》,北京:文物出版社,1993 年。

44. 臨時臺灣舊慣調查會著,陳金高譯,《臺灣私法第二卷》,南投:臺灣省文獻委員會,1993 年。

45. 陳文達,《鳳山縣志》,南投:臺灣省文獻委員會,1993 年。

46. 長汀縣地方志編纂委員會,《長汀縣志》,福建長汀:生活、讀書、新知三聯書店出版,1993 年。

47. 潘英,《臺灣拓殖史及其族姓分布研究 上》,臺北:自立晚報社,1992 年。

48. 馬以工,《中國人的生命禮俗‧嘉禮篇》,臺北:十竹書屋,1992 年。

49. 姚傳鈞,《中國飲食文化探源》,南寧:廣西人民出版社,1989 年。

50. 尹章義,《臺灣開發史的研究》,臺北:聯經出版事業公司,1989 年。

51. 鈴木清一郎著、馮作民譯《增訂臺灣舊慣習俗信仰》,臺北:眾文圖書股份有限公司,1989 年。

52. 戴寶春,《清季淡水開港之研究》,臺北:師大歷史研究所,1984 年。

53. 王世雄,《隨息居飲食譜》,江蘇:江蘇科學技術出版社,1983 年。

54. 洪敏麟,《臺灣舊地名之沿革第二冊上》,臺中:臺灣省文獻委員會,1983 年。

55. 艾耆,《大溪鎮誌》,桃園:大溪鎮公所,1981 年。

56. 吳瀛濤,《臺灣諺語》,臺北:臺灣英文出版社,1975 年。

57. 羅香林,《客家源流考》臺北:世界客屬第二次懇親大會備委員會,1973 年。

58. 范祖述,《杭俗遺風》,臺北:藝文印書館,1970 年。

59. 徐珂,《清稗類鈔卷十四》,臺北:商務印書館,1966 年。

60. 桃園縣文獻委員會,《桃園縣志卷四經濟志》,桃園:桃園縣文獻委員會出版,1966 年。

61. 林幼春,《南強詩草》收錄於傅錫祺所著櫟社沿革志,附錄櫟社第一集,臺北:臺灣銀行,1963 年。

62. 臺灣銀行經濟研究室,《清代臺灣大租調查書第六冊》,臺北:臺灣銀行,1963 年。

63. 臺灣銀行經濟研究室,《清代臺灣大租調查書》,臺北:臺灣銀行經濟研究室,1963 年。

64. 臺灣銀行經濟研究室,《清穆宗實錄選輯》,臺北:臺灣銀行經濟研究室,1963 年。

65. 桃園縣文獻委員會,《桃園縣志卷一土地志》,桃園:桃園縣文獻委員會出版,1962 年。

66. 周鍾瑄,《諸羅縣志》,南投:臺灣省文獻委員會,1962 年。

67. 連橫,《臺灣通史》,臺北:臺灣銀行經濟研究室,1959 年。

68. 草店尾老人,《崁津五十一》,未出版,大溪鎮立圖書館收藏。

69. 何肇嘉建築師事務所,《桃園縣豆食博物館規劃報告期中報告書》,未出版,簡江秋雲女士提供。

70. 廖希珍,《大嵙崁沿革誌》,無出版資料。

71. 王必昌,《重修臺灣縣志》,清乾隆十七年。

72. 史于光,《泉州府志》,明嘉靖四年刊本。

73. 袁業泗,《漳州府志》,明崇禎元年刊本。

3、族譜

1. 廖丑,《臺灣省廖氏大族譜》,雲林:廖丑,1999 年。

2. 游有財,《游氏大族譜》,臺中市:創譯出版社,1968 年。

3. 游有財,《岳邱氏族譜》,臺中市:創譯出版社,1965 年。

4. 不著撰者,《李火德公派下族譜》,由李詩訓提供,複製自美國猶他家譜學會臺灣家譜微縮資料,國圖登錄號:m00512631－02

5. 江橙基,《臺灣省桃園縣大溪鎮江有源、江源記公號開台族譜》,無出版資料。

6. 不著撰者,《簡氏家譜序》,複製自美國猶他家譜學會臺灣家譜微縮資料,國圖登錄號:m00512628－16。

7. 不著撰者,《簡氏家譜》,複製自美國猶他家譜學會臺灣家譜微縮資料,國圖登錄號:m00512632－10。

8. 不著撰者,《范陽簡氏洪源族譜》,複製自美國猶他家譜學會臺灣家譜微縮資料,國圖登錄號:m00512528－08。

9. 林先立,《林氏九牧衍派原隆公支系臺灣家譜》,無出版資料。

10. 孔著,《南平林氏族譜》,複製自美國猶他家譜學會臺灣家譜微縮資料,國圖登錄號:m00513016－10。

11. 黃德輝,《黃氏族譜》,複製自美國猶他家譜學會臺灣家譜微縮資料,國圖登錄號:m00512631－09。

12. 呂徵,《玉龍公派下呂氏族譜》,複製自美國猶他家譜學會臺灣家譜微縮資料,國圖登錄號:m00512476－04。

13. 呂芳達,《福建詔安呂拔財遷台呂氏族譜》,複製自美國猶他家譜學會臺灣家譜微縮資料,國圖登錄號:m00512548－04。

14. 呂良任，《四岳惟嵩（鎮生公派下呂氏族譜)》，複製自美國猶他家譜學會臺灣家譜微縮資料，國圖登錄號：m00513049－24。

15. 不著撰者，《呂祥荊派下十房公呂彰醞公系統表》，未出版，由呂淳羚老師提供。

16. 游禮慶，《十世祖文極公傳下游氏族譜全集》，無出版資料，游美淑老師提供。

17. 黃石鼎，《黃氏大宗族譜》，無出版資料，由黃芳孿老師提供，無頁碼。

18. 陳崑龍，《陳氏家譜》，複製自美國猶他家譜學會臺灣家譜微縮資料，國圖登錄號：m00512631－21。

4、論文

1. 許嘉利，《傳統民間節日飲食文化：祖母的煮食》，國立臺北藝術大學藝術與人文教育研究所論文，2011 年。

2. 張奉珠，《詔安客家廟祭祖研究──以雲林縣崇遠堂為例》，國立雲林科技大學漢學資料整理研究所碩士論，2007 年。

3. 王怡茹，《臺灣日治時期漢人米食生活之研究》，國立臺北大學民俗藝術研究所碩士論文，2005 年。

4. 陳建宏，《公廟與地方社會──以大溪鎮普濟堂為例（1902～2001)》，國立中央大學歷史研究所碩士論文，2004 年。

5. 毛玉華，《大溪的開發與產業變遷》，暨南國際大學歷史研究所碩士論文，2000 年。

6. 張朝博，《1945 年以前大溪舊街區聚落空間之構成與發展》，中原大學建築學系碩士學位論文，1999 年。

7. 李文良，《日治治期臺灣林野整理事業之研究》，國立臺灣大學歷史學研究所碩士論文，1993 年。

5、期刊

1. 李宗信，〈大嵙崁溪中游漳州籍民優勢區域的形成〉，《臺灣文獻 62：2》，2011（6）：1～30。

2. 李文生，〈汀州在客家文明中的地位與作用〉，《客家首府汀州與客家文明研討會論文集》，（廈門大學客家研究中心），2011 年，77～85 頁。

3. 陳榮翰，〈龍岩新羅、漳平和漳州的歲時與禮儀習俗〉，《閩西職業技術學院學報 13：1》，2011 年，1～6 頁。

4. 陳永賓、黃思潔，〈海峽兩岸飲食文化偏好之比較：以臺南與漳州為例〉，《非政府組織與全球治理 1：3》2010（7）：25～47。

5. 謝重光，〈走出隱性的陰影：漳州客家人生存狀況調查〉，《嘉應學院學報 28：3》，2010（3）：5～13。

6. 張應斌，〈從釀豆腐的起源看客家文化的根基〉，《嘉應學報 28：10》，湛江：嘉應學院，2010 年 10 月，5～11。

7. 譚獻民、王軍，〈湖湘文化、火宮殿臭豆腐、豆腐文化〉，《廣西社會主義學院學報 21：1》，2010 年 2 月，76～79。

8. 艾勇，〈豆腐裡的儒釋道〉，《百科新説 2009：11》，2009 年，11 月，15～16。

9. 李力庸，〈日本帝國殖民地的戰時糧食統制體制：臺灣與朝鮮的比較研究（1937～1945）〉，《臺灣史研究 16：2》，2009（6）：62～104。

10. 馬群傑、汪明生〈文化產業與多元群體參與臺南市的分析與比較〉，《中國地方自治 60：12》，2007（12）：14～27。

11. 連允東，〈客家霉豆腐〉，《福建鄉土 2007 年第 1 期》，2007：35。

12. 郭曉紅，〈上杭縣客家民系的形成與發展〉，《龍岩學院學報，24：5》，2006 年，75～77 頁。

13. 李筱玫等著，〈大溪市街的興衰〉，《地理教育第 31 期》2005（5）：1～22。

14. 王馗、許燕，〈禪門經懺與梅州客家人的人生禮儀〉，《民俗曲藝 148》2005 年，207～248 頁。

15. 陳美慧，〈宋代至清代的豆腐加工與烹調〉，《華岡農科學報 14 期》2004（12）：49～68。

16. 謝定源，〈豆腐的起源及豆類製品的探討〉，《中華飲食文化基金會會訊 10：4》2004（11）：18～27。

17. 郭文韜，〈略論中國栽培大豆的起源〉，《第八屆中國飲食文化學術研討會論文集》，2004 年，553～570 頁。

18. 吳密察，〈文化創意產業之規劃與推動〉，《研考雙月刊 24：7》，2003，（8）：59～65。

19. 陳世榮，〈近代大嵙崁的菁英家族與地方公廟：以李家與福仁宮爲中心〉，《民俗曲藝 138》2002（12）：239～278。

20. 高俊雄，〈臺灣運動服務業之剖析與回顧〉，《臺灣體育運動管理學報 1》，2002（5）：1～17。

21. 王瑤芬，〈人類學與飲食文化〉，《中國飲食文化基金會會訊 7：4》2001（12）：23～29。

22. 吳中杰，〈臺灣漳州客家分佈與文化特色（上）〉，《臺灣源流 21》，2001（3）：116～123。

23. 林明德，〈大溪豆腐文化探索——下〉，《中華飲食文化基金會會訊 6：1》，2000（2）36～43。

24. 楊彥杰，〈客家菜與客家飲食文化〉，《第六屆中國飲食文化學術研討會論文集》，臺北：財團法人中國飲食文化基金會，2000 年，363～381 頁。

25. 林明德，〈大溪豆腐文化探索——中〉，《中華飲食文化基金會會訊 5：4》1999（11）：24～29。

26. 陳世榮，〈近年來國內學者對「械鬥」問題之研究——兼論清代桃園地區械鬥與區域發展之關係〉，《史匯 3》1999（4）：1～34。

27. 毛玉華，〈傳統手工業的現代化——黃日香個案研究〉，《暨南史學創刊號》1998（6）：63～72。

28. 吳中杰，〈臺灣漳州客家分佈與文化特色〉，《客家文化研究 2》1999（6）：117～138。

29. 李奕園，〈人類學的理念與方法〉，《通識教育 3：1》1996（3）：15～30。

30. 王學泰，〈從文化角度看中國飲食習俗〉，《第三屆中國飲食文化學術研討會論文集》1994 年，400～416 頁。

31. 嚴修鴻，〈漳屬四縣閩南話與客家話的雙方言區〉，《福建師範大學學報哲學社會科學版 1994 年第 3 期》，1994（3）：81～94。

32. 藍植銓，〈大溪的詔安客——從福仁宮是公古佛談創廟的兩個家族〉，《客家文化研究通訊》1992（2）：59～73，

33. 洪光住，〈中國豆腐〉，《漢聲 33 期》1991（9）：59～61。

34. 尹章義〈臺灣開發史的階段論和類型論〉，《輔仁歷史學報 1》1989（7）：79～99。

35. 易俊傑，〈豆腐的由來及傳說〉，《歷史月刊 97》1986（2）：80～83。

36. 姚漢秋，〈臺灣民俗演變〉，《高雄文獻》，高雄：高雄市文獻委員會，14：15，1985（6）：207～248。

37. 盛清沂，〈新竹、桃園、苗栗三縣地區開闢史（上）〉，《臺灣文獻 31：4》1980（12）：154～176。

38. 許雪姬，〈林本源及其花園之研究〉，《高雄文獻》，高雄：高雄市文獻委員會，3／4，1980 年，43。

39. 黃秀政，〈清代臺灣的分類械鬥事件〉，《文史學報、中興大學 9》1979（6）：117～153。

40. 佟孝嬴，〈為大溪豆腐干尋根〉，《綜合月？143》，1978（10）：111～115。

41. 李亦園，〈祭品與信仰〉，《綜合月刊 108》1977（11）：114～117。

42. 陳漢先，〈日據時期臺灣漢族祖籍調查〉，《臺灣文獻第 23 卷第 1 期》1972（3）：85～104。

43. 篠田統，〈豆腐考〉，《大陸雜誌 42：6》1971（3）：8～14。

44. 黃師樵，〈黃姓派系分支遷臺考〉，《臺灣文獻 20：4》，1969（12）：92～117。

6、報刊

1. 張啓楷，〈經國先生業這塊土地的愛令人感動〉，中國時報，民國 88 年 1 月 14 日，第 4 版。

2. 林惠家，〈大溪豆干飄香近百年報導〉，中國時報，民國 83 年 11 月 13 日第 15 版。

3. 林惠家，〈蔣公陵寢奉厝締造銷售巔峯〉，中國時報，民國 83 年 11 月 13 日，第 15 版。

4. 不著撰者，〈客家人過新年 古禮俗不可少 拜祖先蒸發糕 貼春聯討吉祥 必吃蘿蔔糕芹菜和豆干〉，中國時報，民國 81 年 2 月 3 日，第十四版。

5. 不著撰者，〈黃日香開放式新廠正式啓用 產衛生可口豆干 回饋大眾報導〉，經濟日報民國 78 年 5 月 6 日經濟日報，第 21 版。

6. 陳祖熹，〈大溪豆干·葷素貨俱全 聯鎖店已增至六十餘家報導〉，經濟日報，民國 67 年 12 月 7 日第 9 版。

7. 邱傑，〈大溪鎮豆干香〉，聯合報，民國 66 年 1 月 27 日，第 9 版。

8. 經濟日報，〈黃豆配價超出市價 豆腐公會請中信局合理降低〉，經濟日報，民國 58 年 9 月 13 日，第四版。

9. 聯合報，〈經濟社訊〉，聯合報，民國 51 年 1 月 13 日，第 5 版。

10. 聯合報，〈豆腐業請物資局 改善黃豆供應 暫緩實行標售〉，聯合報，民國 50 年 2 月 11 日，第五版。

11. 不著撰者，〈三區狀況〉，《臺灣日日新報》第 4 版，臺北：臺灣日日新報，1905 年 7 月 28 日。

二、外文文獻

1、專書

1. 桃園廳，《桃園廳志》，臺北：成文出版社有限公司，1985 年。

2. 臺灣總督府，《臺灣統治概要》，昭和二十年，1945 年。

3. 臺灣總督鑛工局，《工場名簿昭和十七年》，臺北：臺灣總督鑛工局，1944 年。

4. 富永豐，《大溪誌》，新竹：大溪郡役所發行，1944 年。

5. 日本貿易研究所，《大東亞交易統計表》，日本東京：粟田書店，1943 年。

6. 臺灣總督府殖產局，《工場名簿第九四二號》，臺北：臺灣總督府殖產局，1942 年。

7. 梶原通好，《農家の食物》，臺北：緒方武歲，1941 年。

8. 臺灣總督府殖產局,《工場名簿第八八六號》,臺北：臺灣總督府殖產局, 1940 年。

9. 增田福太,《臺灣の宗教》,東京,東京株式會社養賢堂,1939 年。

10. 臺灣總督府殖產局,《工場名簿第七四一號》,臺北：臺灣總督府殖產局, 1936 年。

11. 臺灣總督府殖產局,《工場名簿第七四一號》,臺北：臺灣總督府殖產局, 1936 年。

12. 國分金吾,《新竹州下商工名鑑》,新竹：新竹圖書刊行會,1930 年。

13. 臺灣總督府史料編纂委員會編,《臺灣樟腦專賣志》,臺北：編者,1924 年。

14. 臺灣總督府官房調查課,《臺灣在籍漢民族鄉貫別調查》,臺北：臺灣總督府官房課,1928 年。

15. 片崗巖,《臺灣風俗誌》,臺北：臺灣日日新報社,1921 年。

16. 臺灣總督府臨時臺灣舊慣調查會調查,《番族慣習調查報告書·第一卷》, 臺北：株式會社臺灣日日新報社,1915 年。

17. 國史館臺灣文獻館藏,《桃仔園廳海山堡缺仔庄土地申告書》,第 12,437 冊,1901 年 1 月 1 日。

2、期刊

1. 池野隆吉等,〈臺灣の特殊飲食物製造法調查報告〉,《臺灣藥學會誌》1931 （8）：22～38。

3、報刊資料

1. トーヨー新報,〈豆干おスナック菓子に江宗萬さんに聞く 2 次加工製品〉,トーヨー新報第 1005 號,1989 年 11 月 1 日,第 8 版。

2. 臺灣農林新聞編輯局,〈友邦滿州國の農業を語る〉,臺灣農林新聞第三十七版,昭和十四年二月十五日。

三、網路資源

1. 中國上杭網,http://app.shanghang.gov.cn:82/gate/big5/www.shanghang.gov. cn/hsly/shrw/fw/jqss/200902/t20090216_9499.htm,上網日期：102 年 3 月 2 日。

2. 臺灣大百科全書,網址：http://taiwanpedia.culture.tw/web/content?ID=11550 ,上網日期：102 年 2 月 5 日。

3. 臺灣大百科全書,網址：http://taiwanpedia.culture.tw/web/content?ID=11634 ,上網日期：102 年 2 月 4 日。

4. 臺灣大百科全書，網址：http://taiwanpedia.culture.tw/web/content?ID=4457 &Keyword=%E9%81%8E%E7%8E%8，上網日期：102 年 2 月 4 日。

5. 互動百科，網址 http://www.hudong.com/wiki%E5%A4%A7%E6%BA%AA ，上網時間：101 年 11 月 15 日。

6. 中國上杭網，http://www.shanghang.gov.cn/dzzw/fwbx/kejr/hcfq/kjms/ 200902/t20090217_9728.htm，上網日期：101 年 10 月 15 日。

7. 蘇漢城，〈豆腐產業先輩緬懷——江宗萬〉，《臺灣豆腐歷史電子書》，頁 9，見臺灣豆腐文化典藏館，網址：http://www.taiwantofu.com/index.php? option=com_content&view=frontpage&Itemid=1&lang=zh-TW ，上網日 期：101 年 6 月 17 日。

附　錄

一、大溪地區豆干禮俗彙整表

五禮別	禮俗內容		祭祀對象	祭祀時機	祭品組成方式
吉禮	祭祖		祖先	於初一新正、元宵、清明、端午、中元、重陽、冬至、除夕、祖先忌日等	以豆干湊牲，組成三牲
	玄壇元帥聖誕千秋		玄壇元帥	每年三月二日	以豆干湊牲，組成三牲
	祭祀土地公		土地公	每月朔望或初二、十六、農作收成、工程起竣、廟會慶典、掃墓	以豆干湊牲，組成三牲
	犒軍		神兵神將	每月朔望或初二、十六，重要廟會活動	以豆干湊牲，組成三牲
凶禮	喪禮	開魂路	神明、亡者、壓庫	亡者斷氣之時	以豆干湊牲，組成三牲
		壽願	曾祈願的神明	喪期中	以豆干湊牲，組成三牲
		豎靈	靈桌嫺	喪期中，每二至三日為靈桌嫺供飯	一小片豆干
		做七	十殿明王、亡者、壓庫	死亡後每七日一祭	以豆干湊牲，組成三牲
		出山功德	神明、亡者、壓庫	葬前一日	以豆干湊牲，組成三牲
		家祭	亡者	出殯日	以豆干湊牲，組成五牲

五禮別	禮俗內容		祭祀對象	祭祀時機	祭品組成方式
凶禮	喪禮	排路祭	亡者	出殯日	以豆干湊牲，組成小三牲
		祭后土	土地公	出殯日	以豆干湊牲，組成三牲
		呷大頓		出殯日	以豆干入菜
		百年、對年、三年	神明、亡者、壓庫	原則上死後百日、一週年、三年（二十四個月為期）	以豆干湊牲，組成三牲
	中元普渡		無主孤魂	中元	以豆干湊牲，組成三牲
	中元搶孤		無主孤魂	中元	以大豆干做為孤棚上的祭品
	祭祀無主孤魂		無主孤魂	清明、中元	以豆干湊牲，組成三牲
	避煞、改運		邪靈	有沖犯邪靈之時	以豆干湊牲，組成三牲或小三牲
嘉禮	小兒關煞中的白虎關、鐵蛇關、天狗關、水火關		祭祀各類煞星	小兒出生後	以豆干湊牲，組成小三牲

二、本研究所採集大溪地區的五牲牲醴

序號	圖　　　　片	圖片說明
1		普濟堂關聖帝君聖誕五牲祭品 1、祭祀對象：關聖帝君 2、五牲內容： 　　豬前腿一塊、雞、鵝各一隻、魷魚一尾、水梨一顆。 3、擺設方式： 　　中牲：雞 　　邊牲：左魷魚、右豬前腿 　　後牲：左鵝、右水梨 4、圖片來源：筆者自攝，於民國100年7月24日攝於大溪普濟堂。

序號	圖　　　片	圖片說明
2		大溪李騰芳家族秋分祭祖五牲祭品 1、祭祀對象：李家先祖 2、五牲內容： 　　豬肉一片、雞、鴨各一隻、豬肝一塊、魚一尾。 3、擺設方式： 　　中牲：豬肝一塊 　　邊牲：左雞、右魚 　　後牲：左鴨、右豬肉 4、圖片來源：筆者自攝，於民國100年9月23日攝於大溪李騰芳宅。
3		大溪仁安宮玄壇元帥聖誕五牲祭品 1、祭祀對象：元壇元帥 2、五牲內容： 　　豬前腿一片、雞、鴨、鵝各一隻、魚一尾。 3、擺設方式： 　　中牲：豬前腿一塊 　　邊牲：左鴨、右雞 　　後牲：左魚、左鵝 4、圖片來源：筆者自攝，於民國100年4月3日攝於內柵仁安宮。
4		大溪仁安宮玄壇元帥聖誕五牲祭品 1、祭祀對象：元壇元帥 2、五牲內容： 　　豬肉一片、雞、鴨各一隻、魚一尾、豬肝一塊。 3、擺設方式： 　　中牲：魚一隻 　　邊牲：左雞、右豬 　　後牲：左豬肝、左鴨 4、圖片來源：筆者自攝，於民國100年4月3日攝於內柵仁安宮。

三、本研究所採集大溪地區的三牲牲醴

序號	圖　　　片	圖片說明
1		大溪三層林宅正月初九天公生三牲祭品 1、祭祀對象：天公 2、三牲內容： 　　豬肉一塊、全雞一隻、魷魚一隻。 3、擺設方式： 　　中牲：魷魚 　　邊牲：左雞、右豬 4、圖片來源：筆者自攝，於民國100年2月10日攝於大溪三層。
2		大溪李騰芳家族祭祀觀音媽三牲祭品 1、祭祀對象：觀音媽 2、五牲內容： 　　豬肉一片、雞、魚一尾。 3、擺設方式： 　　中牲：魚一隻、 　　邊牲：左雞、右豬 4、圖片來源：筆者自攝，於民國100年9月23日攝於大溪李騰芳宅。
3		大溪頭寮城關聖帝君聖誕三牲祭品 1、祭祀對象：關聖帝君 2、三牲內容： 　　豬肉一片、雞一隻、魚一尾。 3、擺設方式： 　　中牲：魚一隻 　　邊牲：左雞、右豬 4、圖片來源：筆者自攝，於民國100年7月24日攝於大溪頭寮城。

序號	圖　　　片	圖片說明
4		大溪仁和宮慶成福醮犒軍祭品 1、祭祀對象：神軍。 2、三牲內容： 　　豬肉一片、雞一隻、雞捲三條 3、擺設方式： 　　中牲：雞捲三條 　　邊牲：左雞、右豬 4、圖片來源：筆者自攝，2011.7.1， 　　於大溪埔頂仁和宮。
5		大溪蕃仔寮瑞源宮公普法會祭品 1、祭祀對象：無主孤魂。 2、三牲內容： 　　香腸數條、雞一隻、豆干三條 3、擺設方式： 　　中牲：雞捲二條 　　邊牲：左雞、右豬 4、圖片來源：筆者自攝，2011.8.10， 　　於大溪蕃仔寮瑞源宮廟埕。
6		大溪仁安宮玄壇元帥聖誕五牲祭品 1、祭祀對象：元壇元帥 2、五牲內容： 　　豬肉一片、雞一隻、素雞三塊。 3、擺設方式： 　　中牲：素雞三塊 　　邊牲：右雞、左豬 4、圖片來源：筆者自攝，於民國100 　　年4月3日攝於內柵仁安宮。

序號	圖　　　片	圖片說明
7		大溪仁和宮慶成福醮犒軍祭品 1、祭祀對象：神軍。 2、三牲內容： 　豬肉一片、雞一隻、魚一尾 3、擺設方式： 　中牲：全魚 　邊牲：左雞、右豬 4、圖片來源：筆者自攝，2011.7.1， 　於大溪埔頂仁和宮。